고독한
이기주의자는
행복하다

고독한 이기주의자는 행복하다

초판 1쇄 인쇄 | 2024년 5월 16일
초판 1쇄 발행 | 2024년 5월 22일

지은이 | 김규범
펴낸곳 | 대한출판사
펴낸이 | 오두환
주소 | (15865) 경기 군포시 산본천로 62
전화 | 031-459-8830
팩스 | 031-454-7009
홈페이지 | www.daehanbook.com
이메일 | daehanbook@naver.com
출판등록 | 2020년 7월 15일 제402-2020-000013호

값 18,800원
ISBN 979-11-92505-14-5 03100

고독한
이기주의자는
행복하다

김규범 지음

대한출판사

나는 고전(古典)이로소이다.

⌒〇

어디서 태어났는지 전혀 짐작이 가지 않는다.
어두침침하고 눅눅한 책장에 있던 것만은 기억하고 있다.
나는 그곳에서 처음으로 인간이라는 것을 보았다.
그들은 고통 속에 놓여있었다.
인간은 나에게서 영감을 얻을 수 있다는 것을 알면서도
두껍고, 어렵고, 바쁘다며 책장에 보관했다고 한다.

그래서 내가 인간에게 다가가기로 했다.
고통에서 벗어날 수 있는 영감을 전하기 위해….

프롤로그

세상에는 '좋음'의 기준이 존재합니다. 좋은 학교, 좋은 직장, 좋은 사람, 좋은 옷 등. 원했건 원하지 않았건 우리는 어려서부터 이 기준에 맞추는 훈련을 받으며 성장했습니다. 그리고 좋음은 삶의 기준이자 목표가 되었습니다.

주변을 둘러보면 다들 성공한 것 같고, 부자인 것 같고, 행복해 보입니다. 나도 다른 사람들처럼 좋음에 도달하고 싶습니다. 하지만 방법을 모릅니다. 그래서 내 주변에 빠르게 승진했다더라, 큰돈을 벌었다더라는 사람이 있으면 그 사람을 찾아가 방법을 물어봅니다.

"뭐해서 벌었어요?", "어떻게 했어요?" 그러면 대부분 친절하게 방법을 알려 줍니다. "이렇게 해서 벌었어요.", "강의는 이걸 들었습니다.", "여기에 투자하면 돈이 됩니다." 이렇게 방법을 배운 우리는 그대로 따라 해봅니다. 하지만 결과는 매번 다르죠. 다른 사람이 알려준 방법대로 해봤자 에너지를 쏟다 포기하는 것만 반복할 뿐입니다.

"나는 왜 안 되는 걸까?"

우리도 열심히 살아왔습니다. 누구 못지않게 노력했고, 도덕적으로 생각하고 행동하며, 성실하게 살아왔습니다. 그렇기에 이 상황이 더 억울합니다. 단지 욕심이라고 치부하기에는 우리가 쏟은 에너지가 너무 많습니다. 성공과 실패, 대체 이런 차이는 왜 생기는 것일까요?

삶의 중심을 나에게 맞추지 않았기 때문입니다.
세상의 기준에 휘둘렸기 때문입니다.

나를 중심으로 생각하라는 말은 이미 익숙한 메시지입니다. 수많은 책과 강연을 통해 널리 알려져 신선함은커녕 진부함을 느낍니다. 그렇다면 여러분은 나를 중심으로 생각하라는 메시지가 익숙해질 만큼 시간이 흐르는 동안 어떤 실천을 했습니까? 아직도 나는 왜 안 되느냐면서 억울해만 하고 있습니까?

여러분이 실천하지 못한 이유는 사례가 부족했기 때문입니다. 나를 중심으로 생각하라는 메시지에는 공감했지만 어떻게 해야 할지, 어떤 과정을 겪을지, 어떤 결과를 만날지 다양하고 구체적인 사례를 접하지 못했기 때문이죠. 그래서 스스로 확신하지 못했고, 내 판단을 의심하는 데 시간을 다 써버렸습니다. 그러는 동안 실천은 계속 뒤로 밀려났던 것이죠.

사례는 타인의 이야기를 통해 수집할 수 있습니다. 사람을 만나는 것은 이야기를 듣는 것입니다. 상대방이 어떤 생각을 가졌는지, 왜 그렇게 생각하는지, 어떤 사연이 있는지에 관한 이야기 말입니다. 즉, 인간관계는 일방통행이 아닙니다. 내 이야기를 들려주고, 상대방의 이야기를 듣는 것입니다. 이는 겉모습만으로 타인과 나를 비교하는 것과는 다릅니다. 대화는 겉모습만으로 알 수 없는 것을 전합니다.

세상에 좋음이 있다면 나쁨도 있습니다. 다른 사람과 이야기를 주고받다 보면 내가 보기에 성공한 것 같고, 부자인 것 같고, 행복해 보이는 사람의 신세한탄(身世恨歎)[1]을 듣기도 합니다. 내가 좋음이라 생각하고 부러워하던 것이 상대방에게는 나쁨일 수 있는 것이죠. 좋은 직장에 다니는 사람도 여러 가지 사정을 늘어놓으며 삶이 힘들다고 말하고, 부자라 생각한 사람도 자신이 원하던 삶과 다르다며 행복하지 않다고 말합니다. 그리고 내가 부럽다는 말을 하기도 합니다. 이는 서로가 겉모습만으로 상대와 자신을 비교하기 때문입니다. 이렇듯 좋음과 나쁨은 상대적입니다. 명확한 기준도 없습니다. 그런데도 우리는 좋음을 삶의 목표로 삼고, 그것을 좇는

---

1 일신상(一身上)에 관련된 처지나 형편을 한숨 쉬며 한탄함

삶을 살며 억울해합니다. 속물 같은 표현이지만 세상이 말하는 좋음, 우리가 좇는 좋음은 대부분 돈으로 살 수 있는 것들입니다.

22편의 이야기, 하나의 메시지

삶의 중심을 세상이 아닌 나에게 맞추세요. 그것을 실천하는 데 가장 큰 도움을 주는 것이 '사례 수집'입니다. 많은 사람의 이야기를 통해 수집한 사례는 우리가 성공과 실패를 구분하고, 해도 되는 것과 하면 안 되는 것을 구분하게 해줍니다. 하지만 직접 많은 사람을 만나 이야기를 나누며 다양한 사례를 모은다는 것은 불가능에 가깝습니다. 그래서 고전(古典)이 우리를 찾아온 것입니다.

고전이라 불리는 작품들은 세대를 뛰어넘는 공감을 얻으며 오랜 시간 많은 독자에게 감동과 영감을 전한 책들입니다. 한 권의 책을 읽는 것은 한 사람의 이야기를 온전히 듣는 것이라 할 수 있습니다. 그것이 작품에 등장하는 인물의 이야기인지, 작품을 집필한 작가의 이야기인지는 중요하지 않습니다. 기승전결의 구성에 원인, 과정, 결과를 모두 포함하고 있다는 것이 중요합니다.

고전을 읽으면 직접 사람을 만나 이야기를 듣는 것보다 더 간편하게 사례를 수집할 수 있습니다. 우리는 책이라는 이야기를 통해 어떻게 해야 할지, 어떤 과정을 겪을지, 어떤 결과를 만날지 추리하고 판단하는 데

유용한 도구를 얻습니다. 이로써 성공과 실패를 구분하고, 해도 되는 것과 하면 안 되는 것을 구분할 수 있습니다.

이 책은 독자가 고전문학의 이야기를 통해 삶의 중심을 나에게 맞추고, 세상의 기준에 휘둘리지 않아야 한다는 결정을 확신하고, 그것을 실천케 하는 것을 목적으로 합니다. 이를 위해 인문학의 대표 학문이라 불리는 문학, 역사, 철학을 아우르는 서양 고전문학 22편을 한 권으로 압축해 이기적 평등이라는 메시지를 전합니다.

각각의 이야기는 지금껏 우리 삶의 기준이자 목표였던 좋음을 새롭게 정의하는 것에서 출발합니다. 그 속에서 내가 삶의 중심이 되기 위한 변화는 무엇인지, 그것이 왜 필요한지, 어떻게 변화하면 되는지를 설명합니다. 그리고 차별, 평등, 질서, 자유 등을 새롭게 해석해 나를 위한 이기적 평등이라는 메시지에 도착합니다.

이 책은 이미 나를 중심으로 생각해야 한다는 메시지에 공감했음에도 실천을 망설였거나, 실천했음에도 시행착오로 어려움을 겪는 독자들을 위해 탄생했습니다. 이 책을 통해 여러분에게 22명 이상의 사람을 만난 것과 같은 다양한 사례와 지성인이 기본적으로 갖추어야 할 교양 지식을 제공함으로써 힘을 보탤 것입니다.

차
례

chapter 1 생각의 모양

chapter 2 세상의 모양

chapter 4 질서의 기준

chapter 5 결국, 당신의 자유

chapter 1

생각의 모양

'나는 왜 안 되는 걸까?'라는 생각은 남의 말에 끌려다니고, 남의 평가에 휘둘리고, 남의 성공을 따라가려는 행동에서 비롯됩니다. 우리는 자신이 진정으로 하고 싶은 것을 찾아야 합니다. 남을 따라가려다 지쳐서 포기한 사례는 주변에서 어렵지 않게 찾을 수 있습니다. 우리가 말하는 실패는 대부분 여기에 해당합니다.

물론 남들이 말하는 좋은 것을 따라가 성공한 사례도 찾을 수 있습니다. 하지만 그들이 진정한 내면의 만족에 도달했음을 의미하는 것은 아닙니다. 오히려 금수저로 태어나 일타강사의 교육을 받아 명문 대학에 진학하고, 고소득 전문직으로 일하며 넉넉한 재산을 모은 사람이 어느 순간 공허하다며 스스로 목숨을 끊기도 합니다. 또 값비싼 수입차를 타고 다니며 화려한 삶을 살던 사람이 어느 순간 스스로 노숙자가 되기도 합니다. 우리가 생각하는 좋음을 가진 이들의 예상 밖 행동에 당황할 뿐입니다. 과연 당신이 생각하는 좋음이란 무엇인가요?

#좋음
누가 좋은 것이라 말했나?

좋음은 새롭게 정의되어야 합니다. 타인은 개인의 모든 이야기를 알 수 없습니다. 그렇기에 상대방의 겉모습만 보고 자신과 비교해서는 안 됩니다. 알지 못하는 것을 무작정 따라서도 안 됩니다. 나는 절대적인 나로 존재합니다. 비교는 나의 부족함을 드러낼 뿐입니다.

좋은 학교, 좋은 직장, 좋은 가정….
당신의 삶에서 '좋음'을 정의한 것은 누구입니까?

이번 편에서는 독일의 작가, 헤르만 헤세(Hermann Hesse, 1877~1962)의 1922년 작품인 소설 《싯다르타》를 통해 세상이 말하는 좋음을 목표로 설정한 사람의 이야기를 해보겠습니다. 그리고 좋음의 판단은 각자의 몫이라는 생각 재료를 얻어 좋음을 새롭게 정의할 것입니다. '나는 왜 안 되는 걸까?'라는 질문의 첫 번째 대답은 '인간의 높낮이는 없다'입니다.

깨달음에 목마른 금수저

헤르만 헤세 《싯다르타》

주인공은 '싯다르타'입니다. 부처 '고타마 싯다르타'와 동명이인입니다. 이야기 속에 부처(고타마 싯다르타)도 등장하기 때문에 두 사람을 구분할 필요가 있습니다. 지금부터는 주인공을 '싯다르타', 고타마 싯다르타를 '부처'라 부르겠습니다.

싯다르타는 인도에 살고 있습니다. 그는 인도에 존재하던 카스트 제도의 최상위 계급인 브라만입니다. 싯다르타는 최상위 계급에서 만날 수 있는 현인들의 가르침을 받으며 명석하고, 건강하고, 아름다운 소년으로 성장했습니다. 주변의 모든 사람이 싯다르타를 사랑합니다. 그중에는 늘 싯다르타의 곁을 지키며 따르는 소중한 친구 '고빈다'도 있습니다. 고빈다는 언젠가 누군가 깨달음에 도달하는 이가 있다면, 그는 분명 싯다르타일 것이라고 기대를 거는 동료이자 친구입니다. 두 사람은 유년기를 함께 지내며 많은 것을 배웠습니다. 인도 사회에 전해오는 매우 중요한 문서를 열람하고 현자들로부터 가르침을 충분히 얻으며 성장했습니다. 그렇지만 싯다르타는 만족스럽지 않습니다. 다양한 지식과 가르침만으로는 삶의 이정표가 될 진정한 깨달음에 도달하지 못한다고 생각하기 때문입니다. 이를 '깨달음에 대한 갈증'이라고 표현하겠습니다.

진리는 무엇인가?

나는 어디서 왔는가?

어떻게 살아야 할까?

그러던 어느 날, 싯다르타는 마을을 지나는 사문(沙門)²의 모습을 목격합니다. 싯다르타는 비쩍 마른 몸에 낡은 옷을 걸치고 온몸에 고행의 흔적을 지닌 그들에게서 맑고 투명한 눈빛을 발견했고, 진리를 추구하는 순수한 열망을 느꼈습니다. 그리고는 자신도 출가해 고행을 경험한다면 깨달음에 대한 갈증을 해소할 수 있을 것이라는 생각으로 사문이 되기로 결심합니다.

"아버지, 저는 깨달음을 얻기 위해 사문이 되고자 합니다."

아버지는 사랑하는 총명한 아들이 사문이 되겠다 하니 허락하지 않았습니다. 브라만이라는 계급이 누릴 수 있는 많은 것들을 버리고, 사문이

---

2 출가 수행자. '노력하는 사람'이라는 뜻으로 인도에서는 출가자를 가리킨다. 사문에게는 사의(四依)라고 하는 생활 규범이 있었다. 걸식을 의미하는 탁발(托鉢), 남이 버린 옷을 입는 분소의(糞掃衣), 나무 아래에서 기거하며 수행하는 수하좌(樹下座), 동물의 대소변으로 만든 약인 진기약(陳棄藥)에 의해서 생활하는 것을 말한다. 불교에서 출가 수행하는 전통이 여기서 시작되었다.

되겠다는 것을 용납할 수 없던 것입니다. 싯다르타는 고집을 꺾지 않고 밤새 아버지의 방 앞에 서있었습니다. 결국, 동이 틀 즈음 아버지의 허락을 받아냈습니다.

싯다르타는 이제 모든 것을 버리고 마을을 떠나게 됩니다. 그런 싯다르타를 따라나선 이가 있었으니 바로, 고빈다였습니다. 사문이 된 두 사람은 함께 금식하고, 가시덤불에 눕기도 하고, 깊은 명상에 들기도 합니다. 많은 것을 가졌던 지난날에 얻지 못한 깨달음을 얻기 위해 금욕의 삶을 살아갑니다.

그렇게 3년이 지났습니다. 안타깝게도 금욕의 삶도 싯다르타의 깨달음에 대한 갈증을 해소해주지 못했습니다. 사람들이 깨달음을 얻는 방법이라 말하는 '버리는 것'과 '고행'은 그저 잠깐의 깨달음만을 전했을 뿐입니다. 진정한 깨달음으로 싯다르타를 인도하지 못한 것입니다. 배고픔을 참는 동안 떠오른 생각은 허기가 해소되자 사라졌고, 졸음을 참는 동안 떠오른 생각은 잠을 자면 사라졌습니다.

그즈음 완벽하게 깨달은 자, 완성된 자가 등장했다는 소문이 들려왔습니다. 그는 바로 고타마 싯다르타, 부처입니다. 싯다르타와 고빈다는 부처의 얼굴, 손짓, 행동, 말투를 통해 진정으로 깨달은 자의 모습을 목격합니다. 곧이어 부처의 말씀까지 듣게 된 싯다르타는 너무나 명쾌한 세상에 대한 설명에 감동을 받습니다.

얼마 후 부처가 제자를 모집한다는 소식이 전해집니다. 고빈다는 곧바로 부처의 제자가 되기로 결심했습니다. 하지만 싯다르타는 제자가 되지 않겠다고 합니다. 그 이유는 설명하지 못했습니다. 싯다르타는 부처의 가르침을 얻기 위해 떠나는 고빈다와 슬프고도 기쁜 이별을 하고 혼자가 되었습니다. 얼마 후 우연히 숲속에서 부처와 마주친 싯다르타는 자신의 생각을 털어놓습니다.

"당신은 죽음으로부터 해탈을 얻었습니다. 죽음으로부터의 해탈은 당신이 그것을 얻기 위하여 나아가던 도중 당신 자신의 깨달음으로 얻은 것입니다. 누군가의 가르침으로 해탈이 주어지는 것이 아닙니다."

이 말은 《싯다르타》라는 작품이 전하는 메시지의 정수가 담긴 말입니다. '누군가의 가르침을 통해 깨달음에 도달한 것도 아니면서 어떻게 그것을 남에게 가르치겠다는 것인가?'라고도 설명할 수 있습니다. 타인의 깨달음을 통해 나의 깨달음을 얻을 수는 없다는 스스로 깨닫는 것을 강조하는 것입니다.

지금까지의 이야기를 되짚어 보겠습니다. 싯다르타는 브라만 가문에서 태어나 수많은 지식을 접하고, 현자들의 가르침을 받았습니다. 그런데도 깨달음을 얻지 못한 이유는 그것이 모두 타인의 가르침이었기 때문입니다. 출가하여 사문이 되어 고행을 견뎌냈음에도 결국 깨닫지 못한 것도 세상이 이야기하는 깨달음의 길을 따랐기 때문입니다. 스스로 결정한 것이 아닌, 타인의 생각이라는 것이 문제였습니다.

싯다르타는 부처에게 가르침을 통한 깨달음은 불가능하다는 생각을 털어놓음으로써 생각을 정리하기에 이르렀습니다. 지금껏 자신은 타인이 말하는 깨달음의 길만을 따라가느라 자신에게 주어진 물질적인 것과 육체적인 것을 죽이고, 버리고, 괴롭히려고만 했습니다. 스스로 판단한 것이 아닌 다른 것을 따르느라 자신 앞에 펼쳐져있던 세상의 색, 향기, 아름다움을 모두 허상으로 만들었다는 것입니다. 그래서 싯다르타는 거꾸로 살아보기로 합니다. 이는 내세에 귀의해 포기했던 속세를 받아들여 보겠다고 스스로 결정한 것입니다.

싯다르타는 속세를 경험하기 위해 근처 마을로 향합니다. 하지만 마을로 가는 길은 강으로 가로막혀 있었고 싯다르타는 더는 걸음을 뗄 수 없었습니다. 배를 타면 도착할 수 있었지만 오랜 사문 생활을 해온 그에게는 배를 탈 돈이 없었습니다. 그때 마침 무료로 배를 태워주겠다는 뱃사공이 나타나 그를 마을(속세)로 데려다줍니다. 여기서 강은 작품 속에서 내세와 속세를 구분하는 중요한 역할을 합니다. 내세는 브라만이었던 싯다르타, 사문이었던 싯다르타가 살던 공간을 의미합니다. 그리고 속세는 싯다르타가 계속 버리려고만 한 욕망, 분노, 욕심, 사랑, 물질 등을 받아들이기로 한 공간입니다.

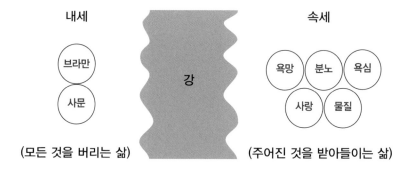

내세   속세

브라만   강   욕망   분노   욕심

사문   사랑   물질

(모든 것을 버리는 삶)   (주어진 것을 받아들이는 삶)

마을에 도착한 싯다르타는 아름다운 여성 '카말라'의 모습을 보게 됩니다. 카말라는 유명한 기생으로 온갖 화려함과 풍요로움에 둘러싸여 있었습니다. 싯다르타는 그녀를 통해 '사랑'이라는 감정을 배울 수 있겠다는 생각을 떠올리고는 그녀를 찾아갔습니다.

카말라는 사랑을 배우러 왔다는 싯다르타에게 당신은 무엇을 할 수 있냐는 질문을 합니다. 수많은 남자가 좋은 옷을 입고, 멋지게 꾸미고 찾아와 자신에게 선물을 주며 구애하는데, 당신은 무엇을 할 수 있냐는 것입니다. 그러자 싯다르타는 "사색할 수 있고, 기다릴 수 있고, 단식할 수 있소"라고 대답했습니다. 속세에는 딱히 쓸모가 없는 능력만 늘어놓은 것이죠.

카말라는 싯다르타에게 우선 돈을 벌어야 한다며 부유한 상인을 소개해줍니다. 싯다르타는 돈을 벌어 선물을 들고 다시 찾아오겠다며 카말라의 집을 떠났습니다. 카말라는 싯다르타가 마음에 들었던 것입니다. 지금껏 재력과 권력을 뽐내며 자신을 찾아온 남자들과 다른 순수한 열정을 느낀 것입니다.

카말라가 소개해준 부유한 상인은 싯다르타에게 물건을 사고파는 방법, 무역을 하는 방법, 사람을 관리하는 방법 등 돈벌이에 유용한 기술들을 알려주었습니다. 하지만 싯다르타는 그것들을 온전히 받아들이지 않았습니다. 내세는 속세보다 높은 곳에 존재한다는 생각을 기본으로 했기 때문입니다. 즉, 오랜 시간 공부하고 고행하며 진리를 찾던 자신이 경험을 위해 잠시 속세에 들른 것이라는 우월감을 가지고 있었던 것입니다. 싯다르타에게는 상인으로부터 배운 기술과 여러 경험이 그저 재미있는 일에 불과할 뿐입니다. 덕분에 돈을 벌어도 재미있고, 돈을 잃어도 재미있습니다. 싯다르타는 '속세 사람들은 이런 것에 빠져있구나?', '돈이라는 것을 매우 중요하게 생각하는구나?'라고 생각했습니다. 그리고 모은 돈으로 선물을 사서 카말라를 만나러 다니며 10년이라는 세월을 보냅니다.

그사이 싯다르타는 많이 변했습니다. 처음에는 모든 것을 재미있게만 생각하던 그는 이제 돈을 잃으면 화를 내고, 돈을 벌어야만 기뻐합니다. 도박판에 끼어 놀이를 즐기고, 술에 취하기도 하고, 사람을 함부로 대하기도 합니다. 지금의 싯다르타는 속세에서 흔히 볼 수 있는 부유한 상인일 뿐입니다. 그간 만남을 이어 온 카말라와는 이미 애인 또는 부부 같은 관계로 발전했습니다.

그러던 어느 날, 카말라가 부처 이야기를 꺼냅니다. 언젠가 더 나이가 들면 자신도 부처에게 귀의하겠다며 말을 꺼낸 것입니다. 순간 싯다르타는 10년 동안 잊고 지냈던 과거의 기억을 떠올리기 시작했습니다. 마음이 복잡해진 그는 그날 밤 꿈속에서 새장 안에 죽어 있는 새의 모습을 보았습니다.

잠에서 깬 싯다르타는 꿈속에서 본 새의 죽음을 자신의 내세에서의 죽음이자, 속세에서의 죽음이라 해석합니다. 그리고 거울을 통해 좋은 옷을 입고 부유함을 몸에 둘렀지만, 눈동자는 텅 비어 있는 늙은이를 발견합니다. 젊은 시절 사문들의 빛나는 눈을 보고 출가를 결심한 그에게 텅 비어 있는 자신의 눈빛은 충격이었고, 곧장 실패라는 생각에 도달했습니다. 이내 변해 버린 자기 모습에 구토가 밀려오는 지경에 이른 싯다르타는 죽음을 결심하고 도망쳐 버렸습니다.

싯다르타가 사라지자 주변 사람들은 그를 찾기 시작했습니다. 하지만 카말라는 그를 찾지 않습니다. 이미 싯다르타와 마지막으로 만난 날 이별을 예감하고, 그를 더욱 강하게 끌어안고 마지막 행복을 경험했기 때문입니다. 카말라는 싯다르타가 사라지자 집의 문을 잠그고 더는 손님을 받지 않기로 했습니다. 그리고 얼마 지나지 않아 싯다르타와의 마지막 사랑으로 임신을 했다는 사실을 알게 됩니다.

도망치듯 마을을 떠난 싯다르타는 강에 도착했습니다. 내세와 속세를 나누고 있는 그 강입니다. 지금껏 많은 것을 경험하며 깨달음을 갈구했음에도 실패를 마주한 싯다르타는 강에 몸을 던지려 했습니다. 하지만 완전히 지쳐서 물에 닿기도 전에 정신을 잃고 쓰러졌습니다.

그리고 오래전 돈을 받지 않고 강을 건너게 해주었던 뱃사공에게 발견되어 다시 눈을 뜹니다. 뱃사공의 이름은 '바주데바'입니다. 정신을 차린 싯다르타는 오래전 만났을 때와 변함없이 평온한 표정을 짓고 있는 그에게 묻습니다.

"당신은 어떻게 그런 평온한 얼굴을 하고 있습니까?"
"강으로부터 배웠습니다."

이후 싯다르타는 바주데바와 함께 뱃사공으로 일하게 되었습니다. 그렇게 5년여의 세월을 보내며 싯다르타는 점차 마음의 평화를 찾아갑니다. 그즈음 부처께서 곧 열반에 이르려 한다는 이야기가 마을에 전해집니다. 그러자 부처의 마지막 시간을 함께하고자 하는 많은 사람이 강을 건너기 위해 배를 타기 시작했습니다. 그 덕분에 싯다르타는 더 많은 사람의 모습을 관찰할 수 있었습니다. 그들 중에는 카말라도 있었습니다.

카말라는 아들의 손을 잡고 강에 도착했습니다. 하지만 안타깝게도 그 아들은 매우 버릇없는 아이로 성장했습니다. 아버지 없이 자라는 것에 미안함이 컸던 카말라가 아들을 엄하게 키우지 못했기 때문입니다. 강가에 도착한 아들이 배가 고프다며 투정을 부리자 카말라는 바나나를 먹이려 강가에 앉았습니다. 그러다가 그만 독사에게 물리게 되었고, 도움을 청하려던 중 기력이 다해 쓰러져 점차 의식을 잃어갑니다.

그 모습을 본 바주데바는 카말라를 구해 그의 오두막으로 옮겼고, 그곳에서 10여 년 만에 싯다르타와 재회하게 됩니다. 하지만 두 사람의 시간은 그리 길지 않았습니다. 결국 카말라는 싯다르타에게 "평화를 얻으셨습니까?"라는 질문을 남기고 숨을 거두었습니다. 싯다르타는 가슴이 찢어지는 듯한 고통을 느낍니다. 함께 있는 아이가 자신의 아이라는 것은 누가 말해주지 않아도 알 수 있었습니다.

이제 오두막에는 세 명의 남자가 함께 살게 되었습니다. 하지만 아들은 쉽게 마음을 열지 않았습니다. 싯다르타도 카말라와 같은 이유로 아들을 엄하게 대하지 못했고, 결국 아들은 도망쳐 버렸습니다. 싯다르타는 곧장 아들을 따라나섰습니다. 하지만 카말라와 함께 지냈던 집 앞에 도착하자 싯다르타는 더는 안으로 들어가지 못하고 바닥에 주저앉아 버렸습니다.

싯다르타는 바주데바의 위로를 받으며 오두막으로 돌아가서 뱃사공 일을 이어갑니다. 그렇지만 마음의 평화를 찾는 데 도움을 주었던 뱃사공 일은 이제 전혀 다른 일이 되었습니다. 지금껏 다양한 사람들의 모습을 관찰하며 생각을 정리하던 싯다르타의 눈에는 아들이나 딸을 데리고 다니는 여행자들만 보입니다. 그럴 때마다 싯다르타는 부러움을 느낍니다.

'이토록 많은 사람이 행복을 누리고 있는데, 나는 왜 안 되는 걸까?'

'악인도 도둑도 자녀가 있고, 자기 자식을 사랑하고, 자식에게 사랑받는데, 나는 왜 안 되는 걸까?'

괴로워하던 싯다르타는 문득 바주데바가 말한 강으로부터의 깨달음을 이해하게 됩니다.

"모든 인간 안에는 속세와 내세가 공존하며, 그것들은 조화를 이루고
있다."

지금껏 강이 내세와 속세를 구분하는 역할만 한다고 생각한 싯다르타는
강이 두 세계를 연결하는 역할도 한다는 것을 생각하게 된 것입니다. 모
든 물은 폭포, 호수, 여울, 바다 따위의 수많은 목표를 향해 흘러가 각기
의 목표에 도달합니다. 그러고는 하나의 새로운 목표로 또다시 향합니다.
수증기가 되어 하늘로 올라갔다가, 비가 되어 땅으로 내려와 샘이 되고,
시내가 되고, 강이 됩니다.

인간도 마찬가지입니다. 다양한 모습으로 각기 자신의 목표를 향해 달
리고 있지만 결국 모두 같은 존재입니다. 싯다르타는 강에 자신의 삶을 대
입해봅니다. 출가하겠다는 아들을 보내주었던 아버지에 대한 기억부터 수
행하는 동안의 기억, 지금껏 자신보다 못한 존재라 생각한 속세 사람들과
의 인연까지 회상했습니다. 그러고 보니 모든 사람은 각자의 모습, 각자
의 방식으로 자신의 목표를 향해 달리고 있었습니다. 누구도 못난 사람은
없었고, 특별한 사람도 없었습니다.

싯다르타는 속세로 건너온 이후, 지금껏 변함없이 '나는 다른 사람이다'
라고 생각했습니다. 그 우월감이 속세를 배우겠다는 자신의 목표 달성을

방해했다는 결론에 도달한 것입니다. 이때부터 뱃사공 싯다르타의 시선은 달라졌습니다. 우월감, 부러움, 괴로움이 아닌 호기심으로 상대를 관찰하게 되었습니다. 그러자 모두 자신에게 주어진 것을 통해 각자의 삶을 살아가는 모습이 보였습니다. 그리고 그 모양은 모두 달랐습니다. 그렇게 싯다르타는 자신이 그토록 찾아 헤매던 것이 하나의 모양이 아니라는 깨달음에 도달했습니다.

시간이 흘러, 싯다르타는 오랜 친구인 고빈다와 재회했습니다. 두 사람은 머리가 하얗게 세고, 얼굴에 깊은 주름이 파인 노인이 되었습니다. 싯다르타의 모습을 본 고빈다는 단번에 그가 깨달음을 얻었다는 것을 알아차렸고, 그 깨달음이 무엇인지 물었습니다. 그러자 싯다르타는 자신의 깨달음에 관한 이야기를 들려줍니다. 하지만 고빈다는 온전히 그것을 이해하지 못하고 떠났습니다.

하찮은 생각은 없다

싯다르타가 내세에서 깨달음을 갈구하던 시절, 그는 자신이 생각해 낸 것이 아닌 남들이 좋다고 말하는 가르침을 따라가며 깨달음을 얻으려 했습니다. 하지만 지식과 가르침도, 모든 것을 버리고 포기하며 고통을 견딘 것도 깨달음을 주지 않았습니다. 그 과정에서 남의 이야기가 아닌 자신이 원하는 것을 찾아야 한다는 판단에 어렴풋이 도달했을 뿐입니다.

결국 스스로 판단해서 속세로 향했지만, 남들이 좋다는 것을 따랐던 것으로 우월감을 느끼고 사람들과는 격차를 두었습니다. 그러고는 남들과 비슷해진 자신의 모습을 실패라고 정의하며 죽음을 결정했습니다. 남들이 좋다는 것을 따랐으면서 남들과 비슷해지는 것을 거부한다는 것은 앞뒤가 맞지 않습니다.

싯다르타는 마음속의 우월감을 내려놓고서야 그토록 갈구하던 깨달음을 얻었습니다. 그에게는 자신에서 벗어나려는 내세의 삶과 욕망, 열망에 사로잡힌 속세의 삶이 공존하고 있었던 것입니다. 버리지도, 취하지도 못하는 이것도 저것도 아닌 몸부림일 뿐이었죠. 하지만 속세의 사람들은 달랐습니다. 그들은 자신에게 주어진 것을 버리려는 몸부림을 치지 않았습니다. 그저 주어진 것 안에서 각자의 목표를 향해 달렸을 뿐입니다.

모두에게는 각자의 삶이 있습니다. 물론 싯다르타의 삶 또한 싯다르타만의 삶인 것은 맞습니다. 《싯다르타》라는 이야기를 통해 우리가 얻을 사례는 남을 따르는 것이 반드시 성공으로 이어지지 않는다는 것입니다.

그렇기에 우리가 성공한 이에게 조언을 들어도 그와 똑같이 될 수 없었던 것입니다. 그리고 자신이 깨달은 것을 타인에게 가르쳐주어도 그가 나와 똑같이 되지 않았던 것입니다. 자신이 가진 것을 기본으로, 진정 원하는 것을 목표로 삼아야 성공할 수 있습니다. '좋은 것'이라 불리는 것이 나에게 필요한 것인지, 그것을 가지거나 그렇게 된다면 내가 진정으로 만족할 것인지부터 생각해야 합니다.

상대방에게 조언을 구한다는 것은 상대방이 자신보다 우월하다는 것을 전제로 합니다. 내가 조언을 구한 사람처럼 되지 못하면 자책과 고통만 남을 뿐입니다. 어떤 생각이건 스스로 내린 결정은 옳습니다. 그것이 세상이 말하는 '좋은 것'에 해당하지 않는다고 해도 옳습니다. 여러분에게 주어진 것 중 하찮은 것은 없습니다. 타인 또한 그렇습니다.

비교라는 성실한 방황

우리는 《싯다르타》라는 이야기에서 고빈다에게 주목할 필요가 있습니다. 억울하다는 생각으로 힘들어하는 우리의 모습이 깨달음을 얻은 싯다르타보다 끝까지 깨달음을 얻지 못한 고빈다에 더 가깝기 때문입니다.

앞서 우리는 남의 말, 남의 모습을 따르기 위해 힘들어하는 우리에 관해 이야기했습니다. 다른 사람이 어떻게 돈을 벌었는지, 어떻게 공부했는지, 어디에서 재미있게 놀았는지 등, 그 안에 우리의 생각은 없습니다. 끊임없이 조언을 구할 뿐입니다.

고빈다는 무려 부처의 제자가 되어 깨달음을 얻으려 했습니다. 하지만 작품의 마지막에 노인이 되어 등장한 고빈다는 여전히 깨달음을 찾아다니고 있었습니다. 그는 깨달음에 도달한 것으로 보이는 싯다르타에게 또다시 조언을 구했고, 조언을 들었음에도 그것을 이해하지 못한 채 발길을 돌렸습니다.

싯다르타와 고빈다는 평생을 깨달음이라는 목표를 향했다는 공통점이 있음에도 전혀 다른 결말을 맞이했습니다. 고빈다는 소년 시절부터 생각했습니다. 언젠가, 누군가 깨달음에 도달하는 자가 있다면 그것은 싯다르타일 것이라고요. 고빈다는 남의 가르침에만 집중한 것입니다. 싯다르타와 헤어진 후에는 부처에게 가르침을 얻으려 했고, 노인이 되어 재회한 싯다르타에게 또다시 가르침을 구합니다.

모든 사람에게는 각자의 이야기가 있습니다.

자신의 이야기에 귀 기울여야 진정한 만족을 느낄 수 있습니다. 고빈다가 남의 가르침을 따르겠다고 생각한 것은 싯다르타가 가졌던 우월감과 반대로 열등감을 기본으로 합니다. 싯다르타가 깨달음에 도달한 것은 나와 타인이 같은 존재라는 것을 인식했기 때문입니다. 나보다 잘난 사람, 부자인 사람, 똑똑한 사람 등이 서로 다르다고 생각한 것이 아닙니다.

물은 폭포, 호수, 여울, 바다 따위의 수많은 목표를 향하여 고통스럽게 흘러가 각기의 목표에 도달합니다. 그리고 다시 하나가 되어 뭉쳐지지요. 이처럼 모든 인간은 각자의 목표를 향해 달리는 존재라는 것을 인식함으로써 깨달음에 도달한 것입니다.

우리는 모두 각자 삶의 주인공입니다. 타인과 비교하는 것이 아닌 자신만의 최선을 찾아 그것을 목표로 삼아야 합니다. 좋은 학교, 유명한 회사와 같은 세상이 말하는 '좋은 것'은 그저 목표에 도달하기 위한 도구일 뿐입니다.

이번 편에서는 '좋음'이라는 단어를 필두로 이야기를 시작했습니다. 우리는 이번 편을 통해 '사랑'이라는 단어를 함께 생각할 필요가 있습니다. 이 책이 '우리가 추구해야 할 좋은 것은 기쁜 사랑'이라는 메시지를 향하고 있기 때문입니다. 국어사전에는 사랑이라는 단어가 첫째, 어떤 사람이나 존재를 몹시 아끼고 귀중히 여기는 마음 또는 그런 일. 둘째, 어떤 사물이나 대상을 아끼고 소중히 여기거나 즐기는 마음 또는 그런 일. 셋째, 남을 이해하고 돕는 마음 또는 그런 일이라고 정의되어 있습니다.

이 책이 전하는 메시지 속의 사랑은 그 방향이 나를 향하고 있어도 좋은 것이고, 타인을 향하고 있어도 좋은 것입니다. 만약 둘 중 하나를 골라야 한다면, 나를 향하고 있는 사랑에 더 가깝습니다. 다행인 것은 이미 우리는 자신을 사랑하고 있습니다. '나는 왜 안 되는 걸까?'라며 괴로워하는 것이 그 증거입니다. 내가 사랑하는 내 삶이, 내가 사랑하는 내 생각이 힘들어하는 것을 구해주고 싶어 괴로워하는 것이죠. 덕분에 이 사랑은 아픕니다.

우리에게 필요한 것은 기쁜 사랑입니다. 세상이 말하는 좋은 것이 아닌 내가 진정 원하는 것을 찾아 삶의 목표로 삼겠다고 마음먹는 것은 기쁜 사랑의 시작입니다. 우리는 이미 자신을 사랑하고 있기에 새로운 사랑을 시작할 필요가 없습니다. 그저 방법만 수정해 아픈 사랑을 기쁜 사랑으로 바꾸면 됩니다.

하지만 아직 사랑이라는 단어를 결론으로 받아들이기에는 사례가 턱없이 부족합니다. 확신이 없기에 어떤 사랑이 좋다는 것인지, 어떻게 좋은 사랑을 하라는 것인지, 끊임없이 의문만 생깁니다. 그래서 사랑이라는 단어는 잠시 미루어 두겠습니다. 우선은 고전이 전하는 이야기를 통해 내가 왜 힘든지, 지금 살아가는 곳은 어떤 곳인지에 대한 사례부터 수집하겠습니다. 그리고 이어서 개성, 존중, 시선, 평등, 동심, 질서, 신념, 후회, 비겁함, 자유, 구원이라는 단어까지 만나본 후, 마지막에 도착해 사랑을 다시 만나겠습니다.

#개성
혼돈의 케바케

개성은 각자의 만족입니다. 체코 출신의 작가, '밀란 쿤데라(Milan Kundera, 1929~2023)'의 1984년 작품인 소설 《참을 수 없는 존재의 가벼움》에는 각자의 만족을 위해 살아가는 네 남녀가 등장합니다. 이들의 이야기를 통해 세상에는 잘난 사람도, 못난 사람도, 높은 사람도, 낮은 사람도 없다는 통찰을 전합니다.

앞서 《싯다르타》에서는 폭포, 호수, 여울, 바다 등과 같은 각자의 목표를 향하는 인간에 대해 알아보았습니다. 이것은 《참을 수 없는 존재의 가벼움》을 통해 인간은 모두 각자의 개성에 따라 판단하고 행동한다는 생각으로 확장될 것입니다.

각자의 개성이 없다면 인간은 모두 같은 모습으로 존재할 것입니다.

좋음과 나쁨은 상대적입니다. 누군가에게 좋은 것이 누군가에게는 나쁜 것일 수 있다는 것, 결국 좋음과 나쁨은 케바케[3]라는 것입니다. '나는 왜 안 되는 걸까?'라는 질문의 두 번째 대답은 '각자의 개성을 인정하라'입니다.

뭉쳐서 각자 사는 네 남녀
밀란 쿤데라《참을 수 없는 존재의 가벼움》

체코 프라하에서 일하는 외과 의사 '토마시'는 시골 왕진 중에 '테레자'라는 여성을 만납니다. 두 사람의 성향은 정반대입니다. 토마시는 여성 편력이 심한 인물로 사랑과 섹스는 별개라 생각합니다. 반면, 테레자는 보수적인 성향이 강한 인물로 사랑과 섹스는 하나라고 생각하는 인물입니다.

하지만 두 사람은 짧은 시간 탓에 서로의 성향까지는 모르고 호감만 가진 상태로 헤어졌습니다. 그리고 프라하로 돌아간 토마시는 자신을 따라온 테레자와 동거를 시작합니다. 연애를 함부로 판단하지 않는 테레자로서는 매우 진지하고 무거운 결정을 내린 것입니다. 하지만 자유로운 연애를 추구하는 토마시는 반대였습니다. 게다가 토마시는 지금 교제 중인 여성도 있습니다. 그녀의 이름은 '사비나', 직업은 화가입니다. 사비나는

---

3 '케이스 바이 케이스(case by case)'의 줄임말이다. 사전적 의미로는 하나하나 신중하게 · 개별적으로 · 사례별로 정도로 해석되지만, 보통은 '경우에 따라 다르다'라는 의미로 활용된다.

토마시와 마찬가지로 자유로운 연애를 추구합니다. 그렇다 보니 토마시가 다른 여성과 동거를 시작했다는 이야기를 듣고도 동요하기는커녕 그녀에게 일자리를 소개해주기까지 합니다.

테레자는 자신이 좋아하는 남성과 동거하게 되었음에도 행복하지 않습니다. 토마시의 여성 편력을 이해할 수 없기 때문입니다. 그 모습을 본 토마시는 그녀를 위로할 방법으로 결혼을 제안했고, 두 사람은 부부가 되었습니다.

그즈음 프라하가 소련군에 의해 무력으로 장악당하는 상황이 발생합니다. 도시가 전쟁터로 변하자 토마시, 테레자, 사비나는 프라하를 떠나 다른 도시로 몸을 피합니다. 사비나는 그곳에서 '프란츠'라는 남성을 만납니다. 프란츠는 자유롭고 낭만적인 모습의 사비나에게 반했습니다.

하지만 프란츠의 성향은 테레자와 비슷합니다. 그로 인해 프란츠는 사비나를 좋아하게 되었다는 것과 자신이 유부남이라는 것 사이에서 고민했고, 결국 아내와 이별하고서야 사비나를 찾아갑니다. 그렇지만 자유로운 사비나는 이미 도시를 떠난 상태입니다. 그렇게 프란츠는 혼자가 되었습니다. 하지만 이 일로 인해 프란츠는 영혼의 자유를 경험했고, 이후 젊은 여대생을 만나 새로운 사랑을 시작했다 병으로 사망합니다.

한편, 토마시는 변함없이 여성들과 자유로운 연애를 즐기고 있습니다. 그런 토마시에게 화가 난 테레자는 프라하로 돌아갔고, 그녀를 혼자 보낼 수 없기에 토마시도 테레자를 따라 프라하로 돌아갑니다.

소련이 무력으로 프라하를 점령한 이유는 공산주의 국가였던 체코의 민주화를 막기 위한 것이었습니다. 당시 민주화를 위해 앞장선 인물들은 이른바 체코의 지식인이라 불리는 계층이었습니다. 토마시 또한 의사라는 직업을 가진 지식인으로서 자기 생각을 신문에 기고해 공산주의를 비판한 이력이 있습니다. 이로 인해 프라하로 돌아온 토마시는 의사로 복귀하지 못하게 되었습니다. 결국 그는 창문 닦이로 일하며 생계를 이어갑니다. 그런데도 토마시는 변함없이 자유로운 연애를 즐깁니다.

그리고 테레자는 너무 당당하고, 늘 이유가 있는 토마시의 여성 편력을 보면서 자기 생각이 잘못된 것은 아닐까 하는 의심을 하기에 이릅니다. 그래서 토마시의 사랑과 섹스는 별개라는 주장대로 자신도 다른 남성과의 섹스를 경험해봅니다. 그렇지만 낯선 남성의 손길이 몸에 닿는 순간 치욕스러움과 불쾌함만 전해졌을 뿐, 기쁨과 만족은 전혀 느끼지 못했습니다. 결국, 토마시와 테레자는 함께 떠나기로 합의합니다. 시골로 가서 조용히 살자는 것이죠. 그렇게 두 사람은 차를 타고 시골로 떠납니다. 그리고 그 길에 자동차 사고로 세상을 떠납니다.

매우 상대적인 좋음

《참을 수 없는 존재의 가벼움》은 한 번 읽고 바로 이해하기는 어려운 작품입니다. 이분법적 구성이라 불리는 독특한 구성과 잦은 시점 변화 등으로 인해 술술 읽히는 작품도 아닙니다. 작품을 이해하기 위해서는 가벼움과 무거움의 공존, 옳고 그름의 대립에 대한 설명이 필요합니다.

이야기의 배경은 '프라하의 봄'[4] 즈음의 체코입니다. 유럽을 동유럽과 서유럽으로 구분해 비교한다면 서유럽 국가들이 상징하는 것은 가벼움으로, 자유로움을 추구하는 성향을 보여줍니다. 반면 동유럽 국가들이 상징하는 것은 무거움으로, 공산주의 이념과 같은 무거움을 추구하는 성향을 관찰할 수 있습니다. 이야기의 배경이 되는 당시의 체코는 서유럽과 동유럽의 성향이 적절히 섞여있는 가벼움과 무거움이 공존하는 공간이라 할 수 있습니다. 아울러 작품에 등장하는 네 명의 주인공들도 가벼움과 무거움이 적절히 섞여있는 인물들입니다.

가벼움과 무거움의 공존

가벼움		무거움
자유로운 연애관 –	토마시	– 체제에 대한 저항
육체적 일탈 –	테레자	– 보수적 연애관
자유로운 연애관 –	사비나	– 억압에 대한 저항
혼자가 된 영혼의 자유 –	프란츠	– 보수적 연애관

사랑과 섹스는 별개라고 주장하며 성적 자유를 추구하는 토마시는 가벼움이고, 영혼과 육체는 하나라 주장하는 테레자는 무거움이라고 구분할 수 있습니다. 하지만 토마시는 테레자와의 의견 대립 과정에서 그녀를

---

4 제2차 세계 대전 이후 소비에트 연방이 간섭하던 체코슬로바키아에서 일어난 민주화 시기를 일컫는다.

위로하고 싶다는 고민에 빠지는 무거움을 보여주었습니다. 또 홀로 전쟁 중인 프라하로 돌아가겠다는 테레자를 따라나서는 무거움, 공산당을 비판하는 글을 신문에 기고하는 무거움을 보여주기도 합니다. 테레자도 가벼움을 상징하는 행동인 외도를 경험하는 모습이 등장합니다. 사비나의 자유로움을 추구하는 가벼움은 성장 과정에서 경험한 억압에 대항한 무거운 고민을 통해 만들어졌습니다. 프란츠 또한 연애에 있어 가벼움과 무거움을 왔다 갔다 하는 모습을 보여줍니다. 그렇다면 가벼움과 무거움을 어떻게 이해하면 좋을까요? 식사와 간식에 대입해 설명해 보겠습니다.

인간이 생존하기 위해 꼭 필요한 것은 식사입니다. 반면 간식은 먹어도 그만, 안 먹어도 그만입니다. 무거움은 식사에 대입할 수 있습니다. 반드시 해야 하는 것입니다. 그것은 도덕률에 의해서든, 관습에 의해서든, 이데올로기에 의해서든 인간을 기속(羈束)합니다. 테레자의 섹스에 대한 생각, 프란츠의 결혼관 같은 것들은 무거움에 해당합니다.

반대로 가벼움은 간식에 대입할 수 있습니다. 해도 되고, 안 해도 되는 것입니다. 자유롭게 판단할 수 있습니다. 억압받지 않을 자유, 마음대로 섹스를 즐길 자유가 간식에 해당합니다. 우리는 식사를 하면서도 종종 간식을 먹습니다. 인간에게 둘 중 하나만 골라야 하는 절대적인 구분은 적절치 않다는 것입니다. 인간의 생각은 이럴 때도 있고, 저럴 때도 있기 때문입니다. 이제 식사와 간식이라는 것을 옳은 일과 옳지 않은 일이라는 개념으로 확장해 보겠습니다.

토마시는 자신의 신념과 생각에 따라 행동했습니다. 그에게는 그것이 옳은 일이기 때문입니다. 공산당에 대한 비난의 글을 써서 맞서는 '옳은 일'을 한 것으로 인해 창문 닦이가 된 것조차 스스로 결정한 옳은 일이었기에 받아들일 수 있었습니다. 여성들과 자유롭게 섹스를 즐긴 것도 토마시에게는 스스로 결정한 '옳은 일'입니다. 하지만 테레자가 생각할 때 그것은 옳지 않은 일이 됩니다.

테레자는 자신의 신념에 따라 영혼과 육체의 일치를 주장하는 옳은 일을 했습니다. 그것을 요구한 것도 스스로 결정한 옳은 일입니다. 하지만 토마시 입장에서는 옳지 않은 일입니다. 나에게 옳은 일이 타인에게는 옳지 않은 일이 될 수 있다는 것입니다.

옳고 그름의 대립

토마시의 옳음	테레자의 옳음
자유로운 연애관	보수적 연애관

상대방에게는 옳지 않음

사바나의 옳음	프란츠의 옳음
자유로운 연애관	보수적 연애관

내가 식사를 하거나 간식을 먹는 행위가 스스로 판단한 옳은 일이라 해도 그것이 반드시 타인에게도 옳은 일이 되지는 않는다는 것입니다. 이것을 각자의 개성이라고 표현하겠습니다. 옳은 일, 옳지 않은 일은 절대적으로 구분되어있지 않습니다. 스스로 판단하기에 옳은 일, 옳지 않은

일이 있을 뿐입니다. 자신과 생각이 다르다는 이유, 다수의 의견과 다르다는 이유로 무조건 옳지 않은 일이라고 말할 수 없는 것입니다.

이 순간에도 사람들이 서로 비난하고, 다투고, 헐뜯는 일이 계속되고 있습니다. 이는 다름을 틀림으로 받아들이기 때문에 발생하는 일입니다. 《참을 수 없는 존재의 가벼움》의 작가 밀란 쿤데라는 각자의 개성이라 설명한 그것을 '키치(kitsch)'라는 단어로 표현합니다.

키치라 쓰고 개별화라 읽기

소설 《참을 수 없는 존재의 가벼움》에서 가장 중요한 단어가 무엇이냐고 묻는다면 자신 있게 '키치'라고 답할 수 있습니다. 하지만 책을 읽은 것만으로 키치에 관한 생각을 정리하기는 어렵습니다. 민음사에서 2018년에 출판한 《참을 수 없는 존재의 가벼움》을 예로 들면 전체 페이지 중 절반이 넘는 분량이 모두 키치에 관한 이야기로 채워져있습니다. 또 그마저도 명확한 정의가 아닌 우리는 키치가 된다, 키치는 이렇게 된다는 식의 어중간한 설명이 대부분입니다.

우선 키치를 자신이 생각하는 옳은 것이라 정의하고 작품을 읽는 것이 생각을 정리하는 데 도움이 됩니다. 이 표현마저 애매하다고 느낀다면 내가 보고 싶은 대로 보고, 내가 해석하고 싶은 대로 해석하는 것, 누구나 갖고 있지만 모두 같지 않은 것이라는 표현을 덧붙이겠습니다.

키치 (kitsch)	= 자신이 생각하는 옳은 것
	= 보고 싶은 대로 보고, 해석하고 싶은 대로 해석하는 것
	= 누구나 갖고 있지만, 모두 같지 않은 것

작품에 수록된 키치와 관련된 내용 중에서 자신이 생각하는 옳은 것이라는 설명과 가장 잘 어울리는 이야기는 똥 이야기입니다. 스탈린이라는 이름을 모르는 사람은 거의 없을 것입니다. 본명은 '이오시프 스탈린(Iosif Vissarionovich Stalin)', 1879년에 태어나 1953년에 사망한 인물로 소비에트 연방의 최고 권력자였습니다. 그에게는 2남 1녀의 자식이 있었는데, 똥 이야기는 그중 장남인 야코프 주가슈빌리의 일화입니다.

야코프는 인류 역사상 단일 전쟁으로는 최대 규모인 독소전쟁[5]에 참전했다가 포로가 되어 수용소에서 사망했습니다. 당시 야코프의 위력은 어느 정도였을까요? 그가 실제로는 아버지와 갈등이 컸다고는 하지만, 스탈린의 장남이라는 타이틀이 가지는 권력을 무시할 수는 없을 것입니다. 그런 야코프가 독일군의 전쟁포로가 되어 수용소에 들어가자 독일은 특급 포로인 그를 협상에 이용할 방법을 찾기 시작했습니다.

하지만 전혀 생각지 못한 부분에서 문제가 발생했습니다. 야코프가 화장실 사용 문제로 자살해버린 것입니다. 야코프는 화장실을 지저분하게 사용했다고 합니다(특히 똥). 이로 인해 함께 화장실을 사용하는 다른 수감자들이 불만을 터뜨리자 수용소 관리자가 야코프를 불러 화장실 사용

---

5 제2차 세계대전 중 독일과 소련이 벌인 전쟁(1941~1945년)

에 관해 지적했습니다. 그리고 얼마 후 야코프는 전기 철조망에 몸을 던져 자살했습니다.[6]

쉽게 이해되지 않는 상황입니다. 대체 뭐가 부족해서, 뭐가 모자라서 그 깟 똥 때문에 스탈린의 장남이 목숨까지 끊었을까요? 고작 똥 때문에? 이런 상황에 사용할 만한 단어가 바로, 키치입니다. 야코프에게는 똥이 키치였던 것입니다. 그가 바라보고, 생각하는 기준에서는 자신이 가지고 있던 모든 것, 심지어 목숨과도 바꿀 만한 가치를 지닌 것이 똥이었던 것입니다. 개인의 키치는 타인이나 다수가 이해할 수 있는지와는 관련이 없습니다. 스스로 옳다고 판단하는 것, 개인이 추구하는 것과 같이 각자가 중요하다고 판단하는 것을 단어로 표현한 것이 키치이기 때문입니다.

우리는 누구나 키치를 가지고 있습니다. 누구나 갖고 있지만, 모두 같지 않은 것으로 생각하면 이해하는 데 도움이 됩니다. 사람마다 가지고 있는 키치는 모두 다릅니다. 작가 밀란 쿤데라는 다른 의미로 사용되던 키치라는 단어[7]를 재해석했습니다. 이로 인해 지금은 본래의 뜻이 아닌 밀란 쿤데라의 해석이 더 보편적으로 사용되고 있습니다.

키치의 의미를 개별화(個別化)라는 단어로 확장해봅시다. 그러면 우리가 이야기 나누는 좋음과 나쁨은 상대적이라는 것을 이해하는 데 도움이 됩

---

6 이 내용은 《참을 수 없는 존재의 가벼움》에 수록된 내용을 설명한 것으로 실제 야코프의 사망 경위는 확실치 않다. 훗날 기밀 해제된 러시아의 자료 등에 따르면 수용소에서 명령을 듣지 않아 경계병에게 사살되었다고 한다.

7 저속한 '나쁜 예술'의 미적 가치를 뜻하는 미학 용어로 독일어 동사인 'verkitschen'이 어원이다.

니다. 가벼움과 무거움, 옳은 일과 옳지 않은 일에 절대적 구분이 아닌 각 자의 사정에 따른 개별 판단을 적용해보는 것입니다. 이런 방식으로 생 각해보면 식사와 간식이라는 개념조차도 각자의 생각에 따라 전혀 다르 게 해석됩니다. 반드시 식사가 아니더라도 생존할 수 있다는 반박도 가능 해지는 것입니다. 이런 식의 개별화는 오해, 다툼, 강요, 강제로 이어집니 다. 두 가지 상황을 예로 들겠습니다.

상황 1: 최고라 인정받는 연설가가 있습니다. 그의 연설은 많은 사람에 게 감동을 전했습니다. 미디어를 통해 그가 어려움을 이겨낸 사 연과 모범적인 행실까지 보도되며 그는 다수의 존경을 받게 되 었습니다. 그런 그가 우리 집 위층에 살고 있습니다. 밤낮없이 들려오는 그의 발망치 소리와 가구 끄는 소리 때문에 나는 하루 도 편할 날이 없습니다. 그 사람이 싫습니다. 짜증 나고 밉습니 다. 그런데도 모두가 그를 최고라 인정한다는 이유로 나도 그를 존경해야만 할까요? 감히 그에 대한 나쁜 말을 하면 안 되는 걸 까요?

상황 2: 절도, 강도, 폭력 등 다수의 범죄를 저지른 전과자가 내 옆집에 살고 있습니다. 모두가 그를 피하고, 그가 동네에서 떠나길 바 라며 험담을 늘어놓습니다. 그러던 늦은 저녁, 홀로 귀가하는 길에 누군가 내 뒤를 따라오는 것이 느껴집니다. 잠시 후 나를 따라오던 사람이 내게 칼을 들이밀며 가진 것을 다 내놓으라고 협박합니다. 이때 누군가 나타나 강도를 제압하고 나를 구해주었습니다. 고마움에 인사를 하려고 상대의 얼굴을 보니 그 전과자입니다. 은혜를 입은 내가 그를 좋은 사람이라고 말하면 안 되는 걸까요?

모든 인간은 스스로 옳다고 생각하는 일을 한다.

이것을 받아들이는 순간 우리 마음속의 틀림은 다름이 됩니다. 잘난 사람과 못난 사람의 구분도, 이해할 수 있는 일과 이해할 수 없는 일의 구분도 사라집니다. '저 사람은 왜 저럴까?'라는 의문을 가지고 화가 났다면, '저 사람에게는 옳은 일이겠구나'라는 생각으로 화를 가라앉힐 수 있습니다. '나는 왜 이럴까?'라는 의문을 가졌다면, '내 생각에는 이게 옳다'라며 의문을 해소할 수 있습니다.

내 행동의 이유는 나의 키치로 인한 것입니다. 생각만으로 우리는 유연해질 수 있습니다. 타인과 나를 비교하는 것은 매우 소모적인 행동입니다. 내가 하고 싶은 것, 내가 할 수 있는 것에만 집중하기에도 시간은 부족합니다. 남을 바라보는 시간을 나를 바라보는 시간으로 바꾸어야 합니다.

'나는 왜 안 되는 걸까?'라는 질문의 전제는 '저 사람은 되는데…'입니다. 하지만 우리가 타인에 대해 모든 것을 알 수는 없습니다. 진실은 자신만 알고 있기에 나에 대해 가장 잘 아는 것은 오직 나뿐입니다. 우리는 자신에 대해 타인이 알 수 없는 것까지 다 알고 있으면서도 타인에게 질문을 합니다. 어차피 타인은 알 수도 없는 것을 묻는 것입니다.

이제부터라도 우리는 자신의 목소리에 귀를 기울여야 합니다. 모든 판단은 내가 하는 것이고, 내 행동은 나만의 개성에 기인하기에, 옳고 그름의 판단 기준은 언제나 나로 설정해야 합니다. 타인이 좋다는 것이 아닌 내가 좋은 것을 찾고, 누가 뭐라 해도 내 생각이 옳다는 믿음을 가진다면 우리의 삶에 당당함과 만족을 줄 것입니다.

고전문학 쉽게 읽는 방법

고전문학 읽기를 망설이거나, 실제로 책을 펼쳤다가 포기한 경험이 있는 분들을 위해 고전문학을 즐기는 방법을 소개하겠습니다.

STEP 1 완독(完讀)

고전이라고 하면 가장 많이 떠오르는 생각이 '두꺼워', '어려워', '뭔 소리야', '한글인데도 안 읽혀' 정도일 것입니다. 이 중 '두껍다'와 '어렵다'는 고전문학의 대명사라 해도 과언이 아닐 정도로 자리를 잡은 상황입니다. 이런 것들을 진입장벽이라 부르겠습니다.

진입장벽은 생각보다 높고 단단합니다. 진입장벽은 읽기와 접근 방법으로 나눌 수 있습니다. 이 장벽을 넘어서는 첫 번째 방법은 '완독'입니다.

"완독을 못 해서 읽는 법을 찾는데, 완독부터 하라고요?"

반은 맞고 반은 틀립니다. 고전문학 완독이 어렵다는 말은 완독을 못 해본 사람들이 하는 말입니다. 정말로 어려운 것은 완독 이후라는 것을 모르기 때문에 이렇게 말하는 것입니다. 다시 말해 읽는 것 자체가 문제는 아닙니다. 다 읽었음에도 이해하지 못하는 것이 더 큰 문제입니다.

우리에게는 《장발장》으로 익숙한 빅토르 위고의 소설 《레 미제라블》은 동화, 뮤지컬, 영화 등 다양한 미디어를 통해 잘 알려졌습니다. 이 소설의 분량은 원서 기준으로 2,598페이지로 매우 방대합니다. 2012년 민음사에서 출판한 한글 번역본도 5권 완결로 총 2,505페이지나 되는 두꺼운 책입니다. 이런 작품을 마주한 독자는 우선 분량에 압도당합니다. 이렇게나 두꺼운 책을 어떻게 완독할 수 있을까요? 그냥 읽으면 됩니다. 무책임한 말로 느껴지나요? 그렇다면 분량이 적은 작품을 예로 들겠습니다.

독일의 작가 헤르만 헤세의 대표작 《데미안》은 한글 번역본 분량이 보통 200~300페이지 정도입니다. 그것도 작품 해설을 포함해서 말입니다. 《레 미제라블》의 10분의 1 정도 분량입니다. 그런데도 많은 사람이 《데미안》은 어려운 작품이라고 말합니다. 책이 두꺼워서 읽기 어렵다고 말하지는 않습니다. 읽는 행위 자체보다는 작품을 이해하고 메시지를 찾는 것이 어렵기 때문입니다. 이렇듯 분량은 중요하지 않습니다.

작품을 즐기기 위한 전제는 완독입니다. 두껍다는 이유는 핑계일 뿐 우리는 다 읽을 수 있습니다. 따지고 보면 지금껏 두꺼운 작품을 안 읽어 본 것도 아닙니다. 《태백산맥》과 《삼국지》를 완독한 독자를 찾아보면 상당히 많습니다. 저는 여러분이 고전 읽기에 익숙해지길 바랍니다. 그리고 고전의 가르침을 이해하기 원한다면, 우선 실천부터 해야 합니다.

완독은 목표가 아닌 과정입니다.

STEP 2 나만의 해석 만들기

두 번째 방법은 '나만의 해석 만들기'입니다. 작품을 자기 삶과 연결해 재미를 찾는 과정입니다. 두 번째 진입장벽인 접근 방법을 넘어서는 방법 입니다. 접근 방법에는 매번 내용, 해석, 지식, 통찰이라는 단어가 함께합니다. 이것들을 통해 고전에 접근하자는 것입니다. 이는 고전문학을 학문 으로 만들어 버립니다. 대부분의 독자는 내용을 다 이해해야 한다는 목표로 책을 펼칩니다.

하지만 읽다 보면 모르는 것이 계속 등장합니다. 그래서 결국 완독은커녕 자료만 찾다가 책을 덮어버립니다. 17세기 영국의 문학작품을 펼쳐놓고 이야기 자체가 아닌 시대상, 정치사, 지리적 특성 등을 알아보느라 정작 책은 10페이지도 넘기지 못하는 일이 벌어지는 것입니다. 고전문학 초심자라면 다 알아야 한다는 목표보다는 이야기 즐기기를 목표로 설정해야 합니다. 그리고 나서 나만의 해석 만들기를 시작하면 됩니다.

나만의 해석은 타인의 해석과 구분됩니다. 많은 독자가 고전문학을 읽기 전에 해설부터 찾아봅니다. 책에 수록된 해설을 읽는 경우가 가장 많고, 인터넷 검색을 통해 찾거나 좀 더 편한 방법으로 강의를 듣거나 북튜버[8]의 영상을 찾아봅니다. 물론 해설부터 보고 작품을 펼치는 것은 영리한 방법입니다. 하지만 읽다가 멈추고, 모르는 것을 찾기를 반복하는 일은 독자를 금방 지치게 만듭니다.

그리고 또 한 가지, 해설이라는 감옥에 갇히게 되면 자유로운 사고를 방해받습니다. 해설은 어디까지나 내 시각이 아닌 타인의 시각이기 때문입니다. 많은 이들의 의견이 모인 보편적 해석조차도 정확하게 구분하자면 남의 시각입니다. 가장 정확한 것은 내가 읽고 내가 떠올린 생각입니다. 해설부터 읽고 작품을 펼치는 것은 이미 감상을 정해놓고 내 생각을 끼워 맞추는 행동에 불과합니다. 이런 방식으로 작품을 읽는다면 높은 확률로 자괴감을 느낍니다.

'다들 멋지게 해석하는데, 나는 왜 이해도 못 하는 걸까?'

우리는 문학을 읽으려는 것입니다. 역사, 지리, 정치사를 공부하려는 것이 아닙니다. 나만의 해석 만들기는 해당 작품을 읽고 스스로 결론을 내리는 것입니다. 정답은 없습니다. 어니스트 헤밍웨이의 《노인과 바다》라는

---

8 책(book)과 유튜버(youtuber)의 합성어로, 유튜브를 통해 책을 소재로 제작한 영상을 제공하는 크리에이터를 말한다. 이 책의 저자도 《사월이네 북리뷰》라는 유튜브 채널을 운영하는 북튜버이다.

작품에 대해서는 불굴의 인간 정신이라는 보편적인 해석이 존재합니다. 하지만 노인과 소년의 우정이라고 해석했다고 책을 잘못 읽은 것은 아닙니다.

정해진 방향에 맞춰 책을 읽어 나가야 한다면, 그 책을 반드시 다 읽어야 할 필요도 없습니다. 서평이나 해설을 보고 어디서 감동하는지, 어떤 교훈인지만 알면 되니까요. 게다가 보편적인 해석이나 작품 해설은 내용이 쉽지도 않습니다. 내 해석이 만들어지기 전에 해설부터 펼치는 것은 해설이라는 감옥에 갇히게 되는 것입니다.

작품의 해석은 독자의 몫입니다.

STEP 3 재미있는 작품 고르기

작품을 이야기로 접근하는 것이 중요합니다. 고전이라 불리는 작품은 많습니다. 그런데 독자마다 감상이 다르므로 누군가에게 재미있는 작품이 누군가에게는 재미없는 작품일 수도 있습니다. 그렇지만 이미 고전이라는 수식어가 붙은 작품은 많은 독자의 사랑을 받았다는 검증된 작품이기 때문에 재미있을 확률이 높습니다. 단, 다 알아야 한다는 목표로 접근한다면 재미있을 가능성은 다시 낮아집니다.

고전이 원작인 영화 중에는 엄청난 인기를 얻은 작품이 많습니다. 〈바람과 함께 사라지다〉, 〈드라큘라〉, 〈작은 아씨들〉, 〈80일간의 세계일주〉,

〈레 미제라블〉 등이 있습니다. 원작은 읽는 것만으로도 난관인데, 어떻게 2시간 내외의 시간만으로 관객을 열광시켰을까요? 바로 영화는 이야기에 집중했기 때문입니다. 인물이 등장하고, 사건이 발생하고, 그것을 해결하는 과정에 집중한 이야기만 뽑아 영화를 만들었기 때문입니다. 원작을 읽는 독자가 다 알아야 한다는 목표를 갖고 자료를 찾아보는 것과 완전히 다른 접근방식입니다.

책을 펼치는 독자는 대부분 이야기보다 작품의 가치부터 앞세웁니다. 작품을 학문적으로 접근해서 해석하려는 것입니다. 물론 학문적 접근은 중요합니다. 읽은 작품이 많아지면 결국 도착하는 곳은 학문이기 때문입니다. 여기서 중요한 것은 '도착'했다는 것입니다. 출발부터 학문적으로 접근하면 재미와는 상관없는 독서를 하게 됩니다.

고전문학 초심자에게는 이야기에 집중한 독서가 필요합니다. 그런데 만약 이야기에 집중해 읽어보려고 해도 도저히 재미가 없다면 어떻게 할까요? 책을 덮으면 됩니다. 이야기 자체만으로 접근해도 재미를 못 느낀다면 끝까지 읽을 필요가 없습니다. 세상에 고전이라 불리는 작품은 많습니다. 재미없는 작품은 덮고, 다른 작품을 찾아 읽으면 됩니다. 읽다가 덮기를 몇 번만 반복하다 보면 분명 재미있는 작품을 만나게 될 것입니다. 재미있는 작품을 만나 완독하면, 자연스럽게 그 작품에 대해 더 알고 싶은 마음이 생길 것입니다. 해설이나 강의는 그때부터 찾아보면 됩니다. 궁금한 것을 찾아보는 것만으로도 재미가 더 커질 것입니다.

STEP 4 꼬리잡기

이야기에 집중해 완독한 작품에서 재미를 경험하고, 자연스럽게 궁금증을 해결하기 위해 해설이나 강의를 보는 과정은 한 작품을 온전히 즐기는 과정입니다. 이 과정에서 접하는 지식을 통해 독자의 지식은 확장됩니다.

읽는 동안 미리 다 알아야 하고, 읽자마자 이해해야 한다는 것은 욕심일 뿐입니다. 주변에 애니메이션이나 게임에 완전히 통달해서 1편은 어떻고, 주인공은 누구랑 원한 관계이고 등의 내용을 줄줄 꿰고 있는 사람들이 종종 있습니다. 그 사람들이 재미를 느끼지 못했다면 과연 자료를 찾아보려고나 했을까요? 작품에 자연스러운 궁금증을 갖는 단계가 되었다면 이미 고전을 즐기는 단계에 도달한 것입니다. 그렇다면 다음에 읽을 작품은 어떻게 고르면 좋을까요? 이제부터는 꼬리잡기를 시작하면 됩니다.

옛날부터 전해 내려오는 우리나라의 민속놀이인 꼬리잡기와 비슷한 방식입니다. 여러 명이 한 팀이 되어 서로를 잡고 있습니다. 이는 한 작품에서 연결되는 작가 정보, 시대상, 역사적 지식, 다양한 감상 등에 대입할 수 있습니다. 꼬리잡기 놀이에서는 맨 앞에 있는 사람이 다른 팀의 꼬리를 잡습니다. 우리가 잡아야 할 것은 다음으로 읽을 작품입니다. 그것을 잡으면 두 팀은 한 팀이 됩니다.

재미를 느낀 작품을 쓴 작가의 다른 작품을 고르기, 재미를 느낀 작품과 동시대를 배경으로 하는 다른 작품을 고르기, 작가와 친했다고 알려진

다른 작가의 작품을 고르기, 읽은 작품을 번역한 번역가의 다른 작품을 고르기 등으로 꼬리잡기를 진행해 읽고 싶은 작품을 골라 펼치면 됩니다. 이제부터는 반복입니다. 이야기 중심으로 읽다가 재미를 느끼지 못하면 그냥 책을 덮으세요. 그리고 또 다른 작품을 고르세요. 재미있게 완독한 작품이 생긴다면 궁금한 것을 찾고 꼬리잡기를 통해 이야기를 확장하면 됩니다.

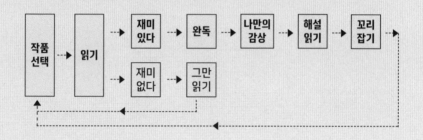

chapter 2

세상의 모양

역지사지(易地思之)[9]를 적용해 보겠습니다. 타인이 나를 이해할 수 있는지 생각해봅니다. 아마 대부분 이해하지 못할 것입니다. 여러분의 행동을 이해할 수 없다며 비난하고, 욕하고, 헐뜯는 사람은 주변에 많습니다. 그렇지만 황당하죠? 나에 대해 뭘 안다고 함부로 판단할까요? 화가 납니다. 바로 이 부분입니다. 우리가 타인을 이해할 수 없다며 답답해하고, 짜증 내고, 불편해하는 것처럼, 상대방도 똑같은 감정을 느낀다는 것입니다.

세상 모두가 인정하는 것은 없습니다. 예수그리스도를 예로 들겠습니다. 예수는 지금까지 2000년이 넘도록 끊임없이 인류에게 가르침을 전하는 성인(聖人)입니다. 그렇지만 모든 인간에게 사랑받고 인정받는 것은 아닙니다. 예수를 이해할 수 없다며 비난하고, 욕하는 사람도 존재합니다. 대통령도 마찬가지입니다. 국가를 대표하는 행정부의 수반으로 국가를 통치하기 위한 폭넓은 권한을 가진, 조선의 왕과도 비교가 되는 인물입니다.

---

9 《맹자(孟子)》의 〈이루(離婁)〉 편, 하(下)의 29장에 나오는 '역지즉개연(易地則皆然)'이라는 표현에서 비롯된 말로 다른 사람의 처지에서 생각하라는 뜻

그렇다고 모든 사람이 대통령을 좋아하고 인정하지는 않습니다. 이러한 좋음의 대표적인 인물조차 모두의 인정을 받지 못하는 세상에서 내가 그것을 뛰어넘어 모두의 인정과 사랑을 받는 인물이 될 수는 없습니다. 차라리 내가 모두를 인정해 버리는 것이 훨씬 현실적입니다. 하지만 그렇게 살아가면 반드시 타인의 비난이라는 장애물에 부딪히게 됩니다. 마음잡고 살아보겠다는데 누가 나를 욕하면 화가 나기 때문입니다. 당연합니다. 어쩔 수 없습니다.

내가 합리적인 말과 행동을 하듯, 타인도 합리적인 말과 행동을 하는 각자의 판단 때문입니다. 이유도 다양합니다. 생각과 행동뿐 아니라 외모, 성별, 종교, 장애, 나이, 가정환경, 출신 지역 등 수많은 것이 서로를 이해할 수 없는 이유가 되고 있습니다. 상대방을 이해하지 못하는 것은, 상대방이 틀렸다는 생각을 기본으로 합니다. 이제부터 우리는 '틀렸다'가 아니라 '다르다'라고 받아들여야 합니다. 그저 나와 다를 뿐입니다. 내 행동이 합리적이듯 상대방의 행동도 합리적이라는 것, 나와 상대방의 관계는 수평이라는 것을 알아야 합니다.

#존중
존중 없이 존중을 원하는 곳

    존중은 우리의 행동을 조심스럽게 만듭니다. 조심스러운 행동은 결국 나를 위한 것입니다. 내가 존중받고 싶다면 상대를 존중해야 합니다. 미국의 작가, 하퍼 리(Harper Lee, 1926~2016)가 쓴 소설 《앵무새 죽이기》에는 서로 존중하지 않는 백인과 흑인의 이야기가 나옵니다. 이 작품을 통해 인간을 구분하는 것이 얼마나 어리석은 행동인지 생각해 보겠습니다. 《앵무새 죽이기》는 정의, 양심, 용기, 신념 등을 논할 때 빠지지 않고 등장하는 작품입니다. 어린이의 시선으로 바라본 어른의 모습을 통해 차별이라는 무거운 메시지를 가벼운 문장으로 전달합니다. 이 작품의 핵심 단어는 '차별'입니다.

백인들과 흑인들의 이야기

하퍼 리《앵무새 죽이기》

작품은 평화로운 시골 풍경이 떠오르는 1부와 추리물이나 법정물이 떠오르는 2부로 나뉩니다. 1부는 단짝 친구인 세 어린이를 중심으로 마을의 모습을 묘사하며 배경과 인물을 소개합니다. 이야기는 미국 앨라배마주에 있는 메이콤이라는 마을에 사는 여섯 살 소녀 '진 루이스 핀치'의 시선으로 서술됩니다. 그녀는 밝고 상냥한 성격을 가진 인물로 '스카웃'이라는 애칭으로 불립니다.

스카웃에게는 네 살 많은 오빠가 있습니다. 이름은 '제레미 핀치'로 '젬'이라는 애칭으로 불립니다. 그리고 또 한 명의 어린이 '찰스 베이커 해리스'가 등장합니다. '딜'이라는 애칭으로 불리는 인물로 방학마다 메이콤에 놀러와 스카웃, 젬과 어울립니다. 세 친구는 마을에 사는 '아서 래들리'라는 인물에 대해 궁금한 것이 많습니다. 아서 래들리는 20대 초중반의 남성으로 어린 시절 동네에서 큰 사고를 친 것 때문에 외출을 금지당해 집에서 은둔하는 인물입니다. 아이들의 호기심을 불러일으키기 좋은 조건이죠? 작품에서는 아이들이 상상하는 그의 모습을 다음과 같이 표현합니다.

'키는 발자국으로 미루어 봤을 때 2미터 좀 안 되고, 식사는 손에 잡히는 대로 다람쥐나 고양이 날고기를 먹어. 그래서 손에는 언제나 핏자국이 묻어있지. 동물을 날것으로 먹는다면 어느 누구도 핏자국을 말끔히 씻어

낼 수 없을 테니까. 얼굴엔 들쭉날쭉 길게 흉터가 나있고, 이빨은 누렇고 썩어있어. 눈알이 튀어나오고, 거의 언제나 침을 줄줄 흘리지.'

마을 사람들은 그를 '부(Boo) 래들리'라는 별명으로 부릅니다. 여기서 'Boo'는 야유의 의미를 지닌 단어입니다. 부 래들리라는 별명은 메이콤 사회의 주류에서 벗어나있는 그가 사람들로부터 놀림을 받고 있음을 짐작게 하는 슬픈 별명이라 할 수 있습니다.

하지만 별명이나 아이들의 상상과는 반대로 실제 래들리는 세상과 단절하고 있음에도 자신의 따뜻함을 드러내려는 모습을 보입니다. 특히 아이들에 대한 애정이 눈에 띕니다. 호기심 가득한 아이들이 래들리의 집 창문에 머리를 집어넣어 보고는 무서운 것이라도 봤다는 듯 소리 지르며 도망치거나, 집 앞에서 재잘거리며 떠들어도 그는 싫어하지 않습니다. 오히려 몰래 밖으로 나와 집 앞 나무에 초콜릿이나 장난감을 놓고 가는 식으로 아이들과 소통하려 합니다.

스카웃과 젬의 아버지는 '애티커스 핀치'라는 인물입니다. 아내는 병으로 먼저 세상을 떠났고, 변호사로 일하며 아이들과 함께 살고 있습니다. 《앵무새 죽이기》의 실질적 주인공으로 정의로운 인간의 표본이라 할 수 있습니다. 미국의 유명한 북 클럽이 조사한 결과에서 '자신의 가치관을 바꾸는 데 가장 큰 영향을 준 작품' 1위에 선정된 데도 이 인물이 가장 큰 기여를 한 것으로 평가되고 있습니다. 또 버락 오바마(Barack Obama) 미국 전 대통령의 퇴임 연설에서도 언급된 인물입니다.

"점점 다양해지는 사람들 사이에서 민주주의가 올바로 작동하려면
항상 내가 아닌 다른 사람의 입장에서 생각해야 합니다.
(중략)
미국 문학의 위대한 주인공인 '애티커스 핀치'의 조언에
귀 기울여야 합니다."
– 버락 오바마 대통령 퇴임 연설 중에서

애티커스 핀치는 아이들에게 바른 것과 옳은 것을 알려주려고 하고, 상황에 맞는 조언도 아끼지 않습니다. 아이들이 래들리의 집 앞에 몰려가 그를 놀리듯 장난을 치면, 그는 이런 말을 합니다. "아저씨는 자신이 원하면 스스로 나올 거야. 원치 않는 일을 억지로 하도록 하지 말아라." 혼내거나 비난하는 것이 아니면서도 단호함이 느껴지는 말입니다. 《앵무새 죽이기》에는 애티커스 핀치의 이런 뼈 있는 말이 자주(많이) 등장합니다. 읽고 잠시 생각해보기 좋은 말들입니다.

《앵무새 죽이기》 1부의 주요 인물

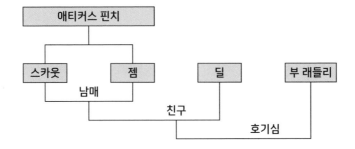

아이들의 학교생활과 연관된 이야기도 있습니다. 학기가 진행되던 중에 갑자기 새로운 선생님이 아이들이 다니는 학교에 부임합니다. 새 선생님은 메이콤이 있는 남부 출신이 아닌 북부 출신이었습니다. 농업이 중심인 남부와 상공업이 중심인 북부는 시골과 도시 정도의 차이가 있었습니다. 북부 출신인 선생님은 이곳 아이들을 시골 아이들로 취급하며 냉정하게 대하고 까다롭게 행동하는 등 이른바 깍쟁이 같은 모습을 보입니다. 아이들은 이런 선생님에게 적응하기 어려웠고, 차별을 경험한 몇몇 가난한 아이들은 학교를 뛰쳐나가버리고 맙니다. 작품에는 스카웃이 아버지 애티커스 핀치와 이 상황에 관해 이야기하는 부분이 등장합니다.

스카웃: 차라리 이럴 거면 저 그냥 학교 그만 다닐래요.
애티커스 핀치: 무엇보다도 간단한 요령 한 가지만 배운다면 모든 사람과 잘 지낼 수 있어. 누군가를 그 사람의 입장에서 생각해야 하는 거야. 말하자면 그 사람의 안으로 들어가 그 사람이되어 걸어다니는 거지.

2부가 시작되고 재잘재잘 아기자기한 시골 마을 메이콤에 사건이 발생합니다. '톰 로빈슨'이라는 흑인 남성이 '메이엘라'라는 백인 여성을 성폭행한 혐의로 체포된 사건입니다. 신고자는 피해자인 메이엘라의 아버지 '로버트 E. 리 유얼(밥 유얼)'입니다.

작품의 배경인 남북전쟁[10] 후의 미국 남부는 흑인에 대한 차별이 굉장히 심하던 때입니다. 이 시기에 흑인 남성이 백인 여성을 성폭행했다는 혐의로 재판을 받는 것은 사형 선고를 위한 형식적인 절차일 뿐이었습니다.

이 사건에 흑인 남성 톰 로빈슨의 변호인으로 선정된 인물이 애티커스 핀치입니다. 과연 그가 톰 로빈슨을 변호하는 것은 가능할까요? 변호하는 시늉만 내고 적당히 사형시키는 것이 사회 분위기에 맞게 행동하는 게 아닐까요? 애티커스 핀치는 그렇게 생각하지 않았습니다. 적극적으로 사건에 파고들어 흑인 남성의 무죄를 주장합니다.

주변 사람들은 그런 그에게 곱지 않은 시선을 보냅니다. 직간접적으로 모욕을 하고, 심지어 그의 아이들까지도 비난하는 상황이 벌어졌습니다. 이 사건으로 인해 애티커스 핀치에게는 '깜둥이 애인'이라는 별명이 생겼습니다. 그런데도 그는 변호사로서의 지식과 경험, 자신의 신념으로 버티며 톰 로빈슨의 무죄를 주장합니다. 이런 아버지의 모습을 본 스카웃이 묻습니다.

"아빠 이거 도대체 승산이 있는 거예요?"

"시작도 하기 전에 패배한 것을 깨닫고 있음에도 어쨌든 시작을 하고, 그것이 무엇이든 끝까지 해내는 것, 이것이 바로 용기 있는 모습이다. 승리하기란 아주 힘든 일이지만 때로는 승리할 때도 있는 법이거든."

---

10 남북전쟁(American Civil War)은 1861년 4월 12일부터 1865년 4월 9일까지 미합중국(북부 연방)과 미연합국(남부 연맹)사이에서 벌어진 전쟁이다. 노예 제도의 폐지를 주장하는 북부와 존속을 주장하는 남부 사이에 일어난 내전으로 북부가 승리했다.

《앵무새 죽이기》 2부의 주요 인물

애티커스 핀치	톰 로빈슨	메이엘라	밥 유얼
변호인	피고인	피해자	신고자

 그리고 이 사건의 증인 신문이 시작됩니다. 변호사 애티커스 핀치는 네 명의 증인을 차례대로 불러냅니다. 첫 번째 증인은 사건 현장에 출동한 보안관입니다. 애티커스 핀치는 보안관에게 치밀한 질문을 던져 그의 증언에 신빙성을 떨어뜨렸고, 이를 통해 메이엘라의 몸에 있는 상처가 톰의 성폭행으로 인해 생긴 것이 아님을 밝혀냈습니다.

 이어서 딸이 성폭행당하는 모습을 보고 경찰에 신고한 아버지 밥 유얼을 두 번째 증인으로 불러냅니다. 그리고는 평소 그의 행태를 노골적으로 짚어내기 시작합니다. 이를 통해 밥 유얼이 늘 술에 취해 행패를 부리고, 딸을 비롯한 주변인들에게 폭력적인 인물이었음이 드러납니다. 곧장 애티커스 핀치는 세 번째 증인으로 피해자인 메이엘라를 불러내 묻습니다.

 하지만 그녀는 정상적인 진술을 하지 못했습니다. 어려서부터 아버지에게 학대당하며 성장한 그녀는 사회생활이 어려울 정도로 성격에 문제가 있음이 드러난 것입니다.

진실은 이렇습니다

피해자라 주장하는 메이엘라가 가해자로 지목된 톰 로빈슨을 집으로 불러 함께 밥을 먹었습니다. 그러다 메이엘라는 문득 흑인과 키스를 해보고 싶다는 생각을 떠올리고 다짜고짜 톰 로빈슨에게 키스를 한 것입니다. 그때 아버지인 밥 유얼이 달려와 무섭게 화를 냈고, 당황한 메이엘라는 성폭행을 당했다고 말한 것입니다.

마지막으로 가해자로 지목된 흑인 남성인 톰 로빈슨을 증인으로 부릅니다. 애티커스 핀치는 그에게 스스로 결백하다면 왜 현장에서 도망쳤냐는 질문을 합니다. 이에 톰은 이렇게 답합니다.

"변호사님도 흑인이었다면 도망갔을 겁니다."

애티커스 핀치는 판사와 배심원들에게 이 사건은 마치 흑백처럼 아주 분명한, 그리 어려운 사건이 아니라는 점을 상기시키는 발언을 남기고 증인 신문을 종료했습니다. 곧이어 모든 과정을 지켜본 배심원들의 판단에 따라 판결이 선고됩니다.

"유죄…, 유죄…, 유죄…, 유죄…."

배심원은 모두 백인이었습니다. 진실을 파헤친 변호사의 노력은 이렇게 물거품이 되었습니다. 애티커스 핀치는 실망한 톰에게 항소해서 꼭 이겨보자는 말을 했지만, 그의 표정은 좋지 않았습니다. 결국, 톰 로빈슨은 탈옥을 시도했고 그 과정에서 무려 열일곱 발의 총알을 맞고 사망합니다. 흑인, 백인이라는 구분으로 인해 소중한 생명이 희생된 것입니다.

평소 행실이 어떠했건, 거짓으로 신고했건, 어찌 되었건 재판의 승자는 밥과 메이엘라입니다. 그렇지만 이들은 기분이 좋지 않았습니다. 죽은 톰에 대한 미안함 때문이 아닙니다. 재판으로 인해 자신들이 망신당했다는 생각 때문입니다. 밥 유얼은 이런 이유로 또다시 행패를 부립니다. 담당 판사의 집에 침입을 시도하는가 하면 애티커스 핀치의 아이들까지 공격합니다.

밥 유얼은 핼러윈 행사를 마치고 귀가하던 아이들이 집 근처에 다다랐을 즈음 나타났고, 아이들은 격렬하게 저항했습니다. 그때 갑자기 한 사내가 나타나 밥 유얼과 격투를 벌이기 시작했고, 이내 밥 유얼은 바닥에 쓰러졌습니다. 아이들을 구한 사내는 바로, 아서 래들리(부 래들리)였습니다. 은둔하고 있던 그가 모습을 드러내 아이들을 구한 것이죠. 하지만 안타깝게도 그는 밥 유얼을 칼로 찔러 살해했습니다.

아이들의 비명 소리를 들은 아버지 애티커스 핀치를 비롯한 어른들이 현장에 도착했을 때는 이미 사건이 종료되어 있었습니다. 애티커스 핀치는 조용히 래들리를 집안으로 들여보냈고, 잠시 후 의사와 보안관이 현장에 도착했습니다.

보안관은 밥 유얼 사망 사건에 대해 수사합니다. 그 과정에서 잠시 애티커스의 아들 젬이 용의자로 지목되기도 했습니다. 하지만 결국 보안관은 래들리와 연관된 사건의 진실에 도달했고, 애티커스 핀치에게 사건의 결론을 설명합니다.

"변호사님, 밥 유얼은 자기 칼 위로 넘어진 겁니다. 스스로 목숨을 끊은 거라고요."

사건의 진실을 알고 있던 애티커스 핀치는 보안관에게 사건을 무마시키는 것은 아이들을 길러온 자신의 방식을 부정하는 것이라며 묵인할 수 없다는 의견을 전했습니다. 그러자 보안관이 대답합니다.

"아무 이유 없이 흑인 청년 한 사람이 죽었고, 그 죽음에 책임 있는 사람도 죽었습니다. 한 시민이 범죄가 자행되는 것을 최선을 다해 막은 것이 법에 저촉된다는 소리는 한 번도 들어본 적이 없습니다. 그가 한 행동이 바로 그렇죠. 변호사님과 이 읍내를 위해 훌륭한 일을 한 저 부끄럼 많은 사람을 백일하에 끌어낸다는 건… 제게는 죄악입니다."

애티커스 핀치는 더 이상 보안관에게 진실을 요구하지 않았고 아서 래들리에게 아이들을 구해줘서 고맙다는 말을 전했습니다. 그제야 자신을 구한 사내가 부 래들리였다는 사실을 알게 된 스카웃은 그를 집까지 바래다줍니다. 래들리가 집에 들어가자 스카웃은 집에 돌아가기 위해 몸을 돌렸고, 그 순간 처음으로 래들리의 집에서 마을을 바라보게 됩니다. 단 한 번도 바라본 적 없던 시선, 은둔하며 사회의 주류에서 벗어나 있던 사회적 약자 래들리의 시선으로 세상을 바라보는 경험을 하게 된 것입니다.

앵무새를 죽이던 시절

요약된 줄거리만 봐서는 제목이 왜 《앵무새 죽이기》인지 이해할 수 없습니다. 이 작품의 영문 제목은 《To Kill a Mockingbird》입니다. 여기서 'Mockingbird(모킹버드)'라는 단어는 우리 말로 표현하면 '흉내지빠귀'입니다. 우리가 보통 생각하는 사람의 말을 따라 하는 앵무새와는 다른 종입니다.

흉내지빠귀는 주로 미국 남부에 서식하는 작은 새로 다른 새의 소리를 곧잘 흉내 낸다고 합니다. 그저 종알종알 노래를 부르는 것 외에는 특별히 사람에게 해를 끼치는 일이 없는 종입니다. 이런 의미로 작품 제목에 사용된 'Mockingbird'는 죄 없는 존재를 상징합니다.

1부의 후반부에는 평소 사격 실력이 좋고 총을 잘 다루는 애티커스 핀치가 아들 젬에게 공기총을 선물하고 주의사항을 말하는 장면이 있습니다.

"난 네가 뒷마당에 나가 깡통이나 쏘았으면 좋겠구나. 하지만 새들도 쏘게 되겠지. 맞힐 수만 있다면 쏘고 싶은 만큼 어치새를 모두 쏘아도 된다. 하지만 앵무새를 죽이는 건 죄가 된다는 점을 기억해라."

이 부분의 내용을 이해하면 제목과의 연결성이 보입니다. 우리가 이야기하고 있는 차별, 편견이 여기에 해당합니다. 애티커스 핀치는 아들에게 편견을 갖지 않을 것을 당부한 것입니다.

출간 이후 국내에 해적판으로만 유통되던 《To Kill a Mockingbird》는

2003년 문예출판사를 통해 정식으로 번역되어 출간되었습니다. 번역가의 설명에 따르면 당시 'Mockingbird'라는 단어의 번역에 대해 깊이 고민했다고 합니다. 그런데 이미 국내 독자들에게 널리 알려져있던 단어가 앵무새였기에 바꾸지 않고《앵무새 죽이기》라는 제목을 그대로 사용했다고 합니다.

《앵무새 죽이기》의 배경은 대공황[11]이 발생한 직후인 1930년대 미국 남부입니다. 흑인에 대한 차별이 최고 수준에 이른 때라고 볼 수 있습니다. 남북전쟁이 끝나고도 수십 년이 흘렀음에도 인종차별의 골은 더욱 깊어져 가고 있었습니다.

미국을 상징하는 단어라고 하면 자유(自由)를 떠올립니다. 미국은 1776년에 독립선언문 발표하면서 자유주의를 채택한 국가입니다. 다음은 미국의 독립선언문에서 발췌한 내용입니다.

'모든 사람은 평등하게 태어났고, 조물주는 몇 개의 양도할 수 없는 권리를 부여하였으며, 그 권리 중에는 생명과 자유와 행복의 추구가 있다.'

하지만 독립선언 이후 미국의 역사를 살펴보면, 모든 사람이라는 표현에 흑인과 여성은 제외된 것이 아닌가 하는 생각마저 듭니다. 지금도 여기저기서 차별하는 모습을 보이기 때문입니다.

---

11 1929년에 미국을 중심으로 발생한 세계적인 경제 공황을 이른다. 1920년대 후반부터 1930년대까지 세계를 강타한 경제 침체 현상이였으며 금융 시장의 혼란과 대규모 실직 사태가 일어나 당시 서구 자본주의 사회 체계를 뒤흔든 사건으로 평가된다. 이로 인해 경제와 사회가 무너지면서 국민들의 삶의 질이 악화되었고 인종차별이나 노사 갈등을 비롯한 사회적 갈등이 심화되었다.

영국의 식민지였던 미국은 독립전쟁을 통해 독립했지만, 프랑스로부터 막대한 차관[12]을 받는 등 유럽 종속 상태를 벗어나지 못하는 상황이었습니다. 하지만 얼마 후 발발한 제1차 세계대전으로 인해 상황은 반전되었습니다. 패전국인 독일과 오스트리아는 제국 자체가 붕괴했고, 승전국인 영국과 프랑스 등도 초토화된 국가를 재건해야 하는 부담을 안게 되었습니다. 반면에 본토 피해가 없던 미국은 넓은 영토와 자원을 앞세워 전쟁 특수를 누리며 새롭게 세계 경제의 중심지로 올라서 호황기를 맞이했습니다.

미국은 1619년 버지니아주의 제임스타운에서 흑인 노예 20명을 거래한 것을 시작으로 수백만 명의 흑인 노예를 노동력으로 활용했습니다. 특히 농업이 발달한 미국 남부 지역에서 노예제가 확고하게 뿌리를 내렸습니다. 하지만 남부와 달리 상공업이 발달한 미국 북부에서는 노동자 인구보다 소비자 인구를 늘리는 것이 유리했습니다. 북부 사람들은 노예제를 반대하기 시작했고, 곧이어 노예제를 반대하는 에이브러햄 링컨(Abraham Lincoln)이 미국 대통령에 당선되었습니다.

그러자 소비자 인구보다 노동자 인구가 더 필요한 남부의 주들이 반발해 연방 탈퇴를 본격화했고, 정부가 연방을 지키기 위해 이들을 무력으로 진압하기로 결정하면서 남북전쟁이 발발했습니다. 링컨은 남북전쟁 중이던 1863년 1월 1일에 노예 해방을 선언했고, 전쟁이 북부의 승리로 끝난

---

12 한 나라의 정부나 기업, 은행 따위가 외국 정부나 공적 기관으로부터 자금을 빌려 옴. 또는 그 자금

후인 1865년, 수정 헌법 제13조를 통해 공식적으로 노예 제도를 금지했습니다.

그렇지만 백인들은 그것을 쉽게 받아들이지 않았고, 얼마 전까지 돈으로 사고팔던 존재인 흑인에 대해 노골적인 차별을 이어갔습니다. 그중 대표적인 예가 '짐크로법(Jim Crow laws)'입니다. 남북전쟁 이후 남부 11개 주에서 시행한 흑인 분리 법안들을 묶어 부르는 말로 '짐 크로'라는 백인 코미디언이 얼굴에 검은색 칠을 하고 쇼에 등장해 온갖 우스꽝스러운 행동을 한 것을 빗대어 만든 용어입니다.

흑인들에게 '분리되어있지만 평등하다(Separate but equal)'라는 사회적 지위를 부여하며 격리를 강제하는 내용을 담은 이 법(이른바, 짐크로법)으로 인해 거의 모든 공공장소에서 인종 간 분리는 의무화되었습니다.

흑인들은 백인들에게 열등한 대우를 받으며 경제, 교육, 사회 등 다양한 측면에서 불평등을 겪어야 했습니다. 대중교통을 예로 들면 버스에 백인 좌석과 흑인 좌석이 구분되어 있었습니다. 게다가 흑인은 지정된 좌석에 앉아있다가도 백인이 서있으면 좌석을 양보해야만 했습니다. 이런 말도 안 되는 법이 1876년부터 1965년까지 90년 가까이 이어졌습니다.

전쟁 특수를 누리며 호황기를 누리던 미국은 1930년대 경제 대공황으로 혼란을 겪게 됩니다. 경제가 어려워지자 일자리는 줄어들었고, 이는 같은 땅에서 살아가는 흑인과 백인 간 갈등의 골을 더욱 깊게 만들었습니다. 현대에 이르러 미국에서 흑인 대통령이 선출되는 등 여러 면에서 흑인 차별이 개선되는 모습을 보이고 있습니다. 하지만 여전히 흑인과 백인 간 차별이 존재한다는 것을 부정할 수 없습니다.

앵무새를 죽이던 시절, 용감하게 앵무새를 변호한 애티커스 핀치의 모습을 통해 차별과 평등이라는 단어의 의미를 다시 한번 생각해봅니다.

나를 위한 '이기적 평등'

피부색이 인간을 가렸습니다. 어떤 사람인지, 어떤 것에 관심이 있는지, 무엇을 잘하는지, 무엇을 싫어하는지 등 아무것도 보려 하지 않았습니다. 우리가 1930년대에 미국 남부에서 검은 피부를 가지고 태어났다면 어떤 삶을 살았을까요?

이것을 반대로 생각해볼 수도 있습니다. 당시 흑인들은 백인을 어떻게 생각했을까요? 좋아하거나 존경했기보다는 싫어하고 멸시했을 것이라는 생각이 앞서는 것이 사실입니다. 그 백인 중에는 애티커스 핀치도 포함됩니다. 하지만 소설 《앵무새 죽이기》를 통해 애티커스 핀치의 이야기를 알게 된 우리는 그가 백인임에도 흑인을 멸시하지 않았음을 알고 있습니다. 그렇다고 모든 흑인이 애티커스 핀치를 아는 것은 아닙니다. 그렇기에 흑인들에게는 애티커스 핀치 또한 그저 한 명의 백인일뿐이라는 것을 부정하지도 못합니다. 이렇듯 타인의 이야기를 모두가 알 수는 없습니다.

차별은 우리에게 고통을 줍니다. 상대를 멸시하고 미워하는 감정으로 인해 생겨난 미움이 나에게 고통을 주는 것입니다. 내가 누군가를 미워한다는 것으로 인해 고통받는 대상에는 나 자신도 포함되기 때문입니다.

만약 내가 함께하고 있는 모임의 구성원 중 한 명이 마음에 들지 않는다면 우리는 어떻게 행동할까요? 적극적인 방법을 생각해보면 직접 상대와 부딪쳐 상대를 모임에서 배제할 수 있습니다. 그렇다면 그것은 나의 완벽한 승리일까요? 소극적인 방법으로 상대가 없는 곳에서 상대를 비난하며 내 편을 만들어 그를 모임에서 배제할 수도 있습니다. 그렇다면 이 방법이 나의 완벽한 승리일까요? 더 소극적인 방법을 생각해보면 모임에 나가서 표정을 찌푸리고 있거나, 아예 참석하지 않는 방법도 있습니다. 이것이 나의 완벽한 승리일까요?

아닙니다. 이런 방법은 모두 어떻게든 나에게 고통을 전합니다. '차별에서 출발한 틀림'에서 비롯된 생각이기 때문입니다. 만약 그것이 '평등에서 출발한 다름'이었다면 우리는 애초에 상대를 미워하지도 않았을 것입니다. 그렇다면 당연히 고통도 없었을 것입니다.

차별은 고통과 더불어 공포도 몰고 옵니다. 내가 친구를 만나기로 약속하고, 약속 장소인 광화문에 있는 세종대왕 동상 앞에 서있는데 누군가가 나를 향해 성큼성큼 다가와 길을 묻습니다. 길을 알려주자 그는 고맙다는 인사를 하고 떠납니다.

그런데 만약 그가 여장을 하고 있는 남자라면? 새빨갛게 머리를 염색하고, 입술과 코에 피어싱을 하고 있다면? 팔이 하나 없는 장애인이라면?

동남아시아 출신의 외국인 노동자라면? 옷차림이 눈에 띌 정도로 남들과 다르다면? 우리는 그가 성큼성큼 다가오는 모습만으로도 해코지를 당할까 봐 겁을 먹습니다. 외모, 피부색, 성적 취향, 장애를 따져 공포를 느끼며 앵무새를 죽인 것이죠.

우리는 다름을 인정해야 합니다. 행동이나 말처럼 인위적인 것이 아닌 존재 자체에서부터 발생하는 편견이나 차별을 멈춰야 합니다. 다양성은 반드시 존중받아야 할 가치이고, 그것의 대상이 인간이라면 절대적으로 존중받아야 합니다.

상대방의 존재 자체만으로도 내가 고통과 공포를 경험하는 것은 어리석은 일입니다. 키가 작다고, 피부가 안 좋다고, 머리카락 색이 내 마음에 안 든다고 상대방이 틀린 것은 아닙니다. 병에 걸렸다고, 나이가 어리다고, 가난하다고 그들이 틀린 것은 아닙니다.

우리는 대부분 평등이라는 단어를 인류애, 휴머니즘, 세계평화와 같은 거창한 단어와 연결해 생각합니다. 그래서 평등을 이야기하는 것이 우리에게 직접적인 이득을 주는 것이 아닌 먼 이야기라 생각합니다. 하지만 평등은 가까운 이야기입니다. 개인이 느끼는 고통과 공포 대부분을 덜어낼 수 있기 때문입니다.

이득을 얻는 것은 결국 나입니다. 당장 먹고 살기 바쁘고, 돈 버느라 정신없는 우리에게 세계평화와 같은 대단한 이유를 앞세우는 것이 아닌 개인에게 주어지는 직접적인 이득을 생각해야 합니다. 이것이 타인을 위한 것이 아닌 '나를 위한 평등'입니다. 우리에게는 상대방부터 생각하는 평등보다 자신이 얻을 것을 먼저 생각하는 이기적인 평등이 필요합니다.

이어지는 이야기를 통해 평등하지 않은 시선으로 살아가는 우리가 평등하지 않은 시선으로 살아가는 상대방으로부터 겪는 불평등에 관해 알아보겠습니다.

#시선
옷을 입고도 추운 곳

시선은 평등해야 합니다. 예의나 규칙은 인간이 집단을 이루는 과정에서 만들어진 것일 뿐 그것이 인간보다 먼저 만들어진 것은 아닙니다. 인간이 존재하기에 예의와 규칙이 존재하는 것입니다.

이는 몸에 걸치는 옷과 같은 것입니다. 옷이 없어도 생존하는 데는 문제가 없지만 그렇다고 알몸으로 돌아다닐 수는 없듯, 함께 살아가기 위해 지켜야 하는 것에 불과합니다. 하지만 지금 우리에게는 인간 자체보다 예의와 규칙이 우선입니다. 따뜻한 옷을 입었는지, 비싼 옷을 입었는지 매번 다른 잣대를 만듭니다. 그리고 그것을 확대하거나 축소하며 다르다는 이유를 만들어 인간을 옷 아래에 깔아놓고 있습니다.

인간에 대해 높낮이를 만드는 것은 옳지 않습니다. 이렇게 만들어진 높낮이는 '나보다 높은 사람이니까…'라며 스스로 불이익을 감수하는 멍청한 행동을 겸손이라는 단어로 포장합니다. 그리고 규칙을 잘 지키는 누군가를 보면 '별 것 아닌 녀석'이라며 오히려 멍청한 사람으로 취급합니다. 이런 것이 모여 옳고 그름의 판단보다 집단의 이익을 우선시하는 폭력이 됩니다. 다수의 주장으로 소수를 정복하고 정복당하는 것입니다. 이미 옳고 그름, 예의, 규칙이라는 옷이 있음에도 그것을 팽개치고 누군가를 또는 스스로를 추위에 떨게 만드는 것입니다.

스스로 만든 추위

니콜라이 고골 《코》

우크라이나 출신의 러시아 작가, 니콜라이 고골(Nikolai Gogol, 1809~1852)이 1836년에 발표한 단편소설 《코》에 관해 이야기해 보겠습니다. 이 소설은 어느 날 갑자기 코를 잃어버린 주인공이 코를 찾아다니는 과정을 그린 그로테스크[13]한 작품으로 사회의 모습을 날카롭게 풍자합니다.

1722년, 러시아는 독일의 관등제를 받아들여 1~14등관 체계를 시행했습니다. 이는 다시 행정 업무를 담당하는 문관과 군인에 해당하는 무관으로 구분됩니다. 이 중 무관은 대령, 중령 등의 직함을 사용할 수 있습니다.

소설 《코》의 주인공인 '코발료프'는 러시아 상트페테르부르크의 8등

---

13 '괴기한 것, 극도로 부자연한 것, 흉측하고 우스꽝스러운 것' 등을 형용하는 말

문관입니다. 그런데 자신을 소령이라 칭하고 다니며 거기에 어울리는 대접을 요구합니다. 8등 문관이라는 관등 명보다 소령이라는 직함이 더 권위 있게 느껴진다는 것 때문입니다. 이렇듯 코발료프는 허세, 권위, 사회적 지위, 타인의 시선 등을 매우 중요하게 생각합니다(= 마치 우리의 모습). 실제로 높은 지위를 가진 것도 아니고 자신만의 특별한 무언가를 내세울 조건이 아님에도 더 좋은 대접을 요구하는 허위로 가득 찬 인물입니다.

이야기는 '이반 야코블레비치'라는 이발사가 아침 식사로 준비한 빵을 베어 물다가 경악하는 모습으로 시작합니다. 빵에 사람 코가 들어가 있던 것입니다. 놀란 마음을 진정시키고 빵에서 코를 끄집어낸 그는 코가 이발소 단골손님인 8등관 코발료프의 것임을 알아차렸습니다. 그 모습을 본 아내가 당장 내다 버리라며 화를 냅니다. 이반은 주인을 찾아줄 것인지 말 것인지 생각할 겨를도 없이 쫓기듯 밖으로 나와 코를 강에 던져버렸습니다.

아침이 되어 잠자리에서 일어나 코가 사라진 것을 알게 된 코발료프는 당황하며 걱정에 빠집니다. 그의 걱정은 코가 없어진 것 때문이 아닌, 이런 모습으로 누군가를 만나 체면을 구길 것에 대한 걱정이었습니다. 코발료프는 손수건으로 얼굴을 가리고 급히 밖으로 나가 코를 찾기 시작했습니다.

그러다가 마치 사람처럼 옷을 입고 성당으로 향하고 있는 자신의 코를 발견합니다. 그렇지만 코발료프는 자신의 코에게 쉽게 다가서지 못합니다. 코가 입고 있는 옷이 자신보다 높은 관등인 5등관을 상징하는 옷이기 때문입니다. 황당하게 느껴질 수 있지만, 권위에 진심인 코발료프의 기준에서는 자신보다 높은 관등인 코에게 말을 붙이는 것이 어려웠던 것입니다. 코발료프는 한참을 고민한 끝에 코를 찾아가 말을 붙입니다.

"귀하, 이상한 일이지만 제 생각에 당신은 자신의 자리를 알아야만 합니다."

이 문장은 《코》가 사회를 날카롭게 풍자한 작품이라는 것을 잘 보여줍니다. 개인이 권위와 권력에 짓눌려 사는 사회 모습을 표현한 것입니다. 이 말을 들은 코는 코발료프를 무시해버립니다(계급으로 눌렀다는 표현도 어울립니다).

이렇게 코를 제자리에 돌려놓지 못하게 된 코발료프는 호기롭게 마차에 올라타 경찰청장을 찾아갑니다. 여전히 힘 있는 누군가의 도움을 구하는 모습입니다. 하지만 그는 경찰청장을 만나지 못했습니다. 경찰청장이 그를 만나 주지 않았기 때문입니다. 코발료프는 신문에 코를 찾는 광고를 내볼 생각으로 발길을 돌려 신문사를 찾아갑니다. 하지만 신문사는 그런 우스꽝스러운 광고는 싣지 않겠다며 거절합니다.

그날 저녁 코발료프는 자신을 찾아온 한 경찰관에게서 잃어버린 코를 건네받습니다. 어떻게 다시 돌아왔는지는 모르지만 다행이라 생각합니다. 하지만 문제는 여전히 남아있습니다. 돌아온 코가 제자리에 달라붙지 않기 때문입니다. 원래 자리가 아닌 곳에 있던 것이 원래 자리로 돌아가길 거부하는 것이죠.

코발료프는 코를 들고 의사를 찾아가 수술을 의뢰합니다. 하지만 그 의

사는 수술은 하지 않고 자기 주관에 관한 이야기만 한참을 늘어놓다가 코를 자신에게 팔라는 이야기를 합니다. 그사이 도시에는 코가 돌아다니고 있다는 소문이 퍼졌고, 사람들은 그 코를 보기 위해 여기저기를 뒤지고 다니기 시작합니다. 정작 그 코는 지금 코발료프의 손에 있는데도 말입니다. 도시를 돌아다닌다는 코를 실제로 본 사람은 아무도 없습니다. 오직 소문만이 도시를 돌아다닐 뿐입니다.

그러던 어느 날 아침, 코는 코발료프의 얼굴로 돌아와 달라붙었습니다.

권위라는 이름의 외투

니콜라이 고골《외투》

소설《외투》는 니콜라이 고골이 1842년에 낸 작품입니다. 주인공 '아카키 아카키예비치 바시마치킨'은 작은 키에 곰보와 홍조증이 있고, 시력도 나쁘고, 탈모 증세까지 있는 독신 남성입니다. 그는 러시아 상트페테르부르크의 어느 관청에서 서류 정리를 담당하는 9등 문관으로 성실하게 일에만 집중하는 스타일입니다.

몇몇 직장 상사는 그에게 새로운 일을 맡겨 승진할 수 있도록 배려합니다. 하지만 막상 새로운 일이 시작되면 성실하다는 이유로 일은 점점 늘어났습니다. 아카키는 진땀만 흘리다가 다시 서류 정리 업무 담당으로 돌아오기를 반복하며 만년 9등 문관으로 지내게 되었습니다.

직장 동료들은 못난 외모에 말수도 적고, 사람 사귀는 데도 서투른 아카키를 무시합니다. 게다가 괴롭힘에 가까운 따돌림을 당하고 있음에도 그는 적극적으로 저항하지 않고, 단조로운 삶을 살아갈 뿐입니다.

아카키는 매년 큰 추위가 찾아오는 페테르부르크의 겨울을 외투 한 벌로 버텨왔습니다. 하지만 이번 겨울은 달랐습니다. 여러 해를 보내는 동안 낡아버린 외투가 더는 수선이 불가한 상태에 이른 것입니다. 아카키는 그간 열심히 저축한 돈으로 꽤 비싼 가격을 치르고 새 외투를 장만합니다.

그가 새 외투를 입고 회사에 도착하자 동료들은 축하해줍니다. 그 모습을 목격한 부서 관리자는 연회를 베풀겠다는 제안을 했습니다. 회식을 하기 위한 핑계였던 것입니다. 결국 아카키는 연회에 참석했다가 늦은 밤에 귀가하다 강도에게 외투를 빼앗기고 말았습니다.

비싼 외투를 하루 만에 빼앗긴 주인공은 경찰서장을 찾아갔습니다. 그렇지만 감히 9등 문관 주제에 경찰서장을 찾아왔냐는 핀잔만 들을 뿐, 어떠한 도움도 받지 못합니다. 곧이어 아카키는 동료를 통해 소개받은 '중요 인사[14]'를 찾아갑니다. 그런데 이번에도 하급 관리 주제에 감히 나를 찾아왔냐는 질책만 듣고 발길을 돌리고 말았습니다.

작품을 읽어보면 이 부분에서 중요 인사가 특별히 바쁘지 않았다는 것을 알 수 있습니다. 중요 인사는 누가 찾아왔다는 비서의 말을 듣고는 곧장 응대하면 권위가 떨어진다는 이유로 일부러 시간을 끌었습니다.

---

14 판본에 따라서는 '거물'이라는 표현을 쓰기도 한다.

그러고는 한참을 기다린 주인공에게 절차를 따르지 않고 곧바로 자신에게 찾아왔느냐며 핀잔을 주고 돌려보낸 것입니다. 결국, 절망한 채 집에 돌아온 아카키는 끙끙 앓다가 사망했습니다.

그가 일하던 서류 정리 담당자 자리에는 새로운 사람이 들어오고, 세상은 변함없이 돌아갑니다. 직장 동료 중에는 아카키가 출근을 안 했다는 사실조차 모르는 사람도 있습니다. 함께 회식도 했는데 말이죠. 그러던 어느 날부터 아카키의 유령이 도시에 출몰해 사람들의 외투를 빼앗기 시작합니다. 그리고 마침내 그 중요 인사의 외투를 빼앗은 후에야 영원히 사라져버렸습니다.

집단의 폭력
모파상《비곗덩어리》

프랑스의 작가, 기 드 모파상(Guy de Maupassant, 1850~1893)이 1880년에 펴낸 소설《비곗덩어리》입니다. 이 작품은 작가의 염세주의적 성향을 전쟁, 위선, 지배층, 종교, 애국심, 이기심 등에 빗대어 인간의 위선적인 행동과 추악한 이기심을 묘사합니다.

이야기는 1870년, 보불전쟁[15] 중 열 명의 피난민이 마차에 오르는 장면

---

15 프로이센 · 프랑스 전쟁. 1870년부터 1871년까지 프로이센과 프랑스가 에스파냐 국왕의 선출 문제를 둘러싸고 벌인 전쟁이다. 프로이센이 크게 이겨서 독일 통일이 이루어졌다.

에서 시작됩니다. 마차에는 상류층 부부, 소시민 부부, 퇴역 장교 부부, 민주투사, 수녀 등 여러 계층의 승객이 탑승했습니다. 이들 중에는 '비곗덩어리'라 불리는 매춘부 '엘리자베스'도 있습니다.

급히 전쟁을 피하느라 제대로 준비된 준비도 없이 마차에 탄 승객들은 얼마 못 가 배고픔을 느끼기 시작했습니다. 그때 마침 음식을 가지고 있던 비곗덩어리가 음식을 나누어 줍니다. 그러자 승객들은 그녀에게 고마움을 표하고 호감을 드러냅니다.

하지만 얼마 후 마차가 프로이센군 점령지역을 통과하게 되면서부터 상황은 뒤바뀝니다. 점령지역을 책임지는 장교가 비곗덩어리에게 섹스를 제안했다가 거절당하자 마차의 출발을 막아 버렸기 때문입니다. 장교는 오도 가도 못 하게 된 승객들에게 이유를 딱 잘라 말하지도 않습니다. 비곗덩어리와의 섹스를 원한다는 말은 하지 않고 출발을 막음으로써 자기 체면도 살리고 원하는 바도 이루겠다는 것입니다. 비곗덩어리가 장교의 제안을 거절한 이유는 '애국심'도 큰 부분을 차지했습니다. 겉으로 보이는 매춘부 이미지만으로는 표현할 수 없는 부분이 있는 것입니다.

한편, 마차를 타고 오는 동안 화기애애하고 교양 있는 대화를 나누며 각자의 직업이나 재력을 내세우던 승객들은 고립이 되자 본성을 드러내기 시작했습니다. 이들은 비곗덩어리가 없는 곳에서 '아무 남자하고 그 짓을 하는 여자다', '마부하고도 그 짓을 했다더라'라며 그녀를 헐뜯고 모욕합니다. 그리고 어떻게든 그녀를 장교에게 상납할 방법을 고민합니다. 그러다가도 비곗덩어리가 돌아오자 지금까지의 무례함과는 전혀 다른 표현을 사용하며 그녀를 설득하기 시작합니다.

헌신에 관한 알쏭달쏭한 대화로 시작해 클레오파트라가 적의 장군들 모두와 잠자리를 해 그들을 노예처럼 복종하게 했다는 설명, 자신의 육체를 무기로 삼았던 여자들의 이야기, 복수를 위해 정절을 희생함으로써 헌신을 입증한 여자들의 이야기….

강하게 저항하던 비곗덩어리는 결국 체념하게 되었고, 장교의 숙소로 들어가 모두를 위해 숭고한 하룻밤을 보냅니다.

덕분에 마차는 다시 출발하게 되었습니다. 마차에 올라탄 비곗덩어리는 자신의 희생으로 모두를 구했다고 생각했습니다. 하지만 마차 안의 분위기는 전혀 달랐습니다. 온갖 좋은 말로 그녀를 설득하며 구해달라 부탁하던 승객들은 언제 그랬냐는 듯 그녀를 외면하고, 경멸하는 태도까지 보입니다. 이에 비곗덩어리는 모멸감을 느끼며 눈물을 흘립니다.

이기적 평등

말 같지 않으면서도 너무나도 말 같은, 현실감이 전혀 없는 것 같으면서도 현실감을 전하는 풍자 가득한 세 편의 이야기를 살펴보았습니다. 《코》의 주인공 코발료프는 잃어버린 코와 마주했음에도 코가 5등관 복장을 하고 있다는 이유만으로 다가서지 못했습니다. 스스로 만든 규칙에 압도

되어 불이익을 감수한 것입니다. 만약 길에서 코를 만났을 때 망설이지 않았다면 어땠을까요?

이 소설은 환상문학으로 분류되는 작품이기에 어떤 상황이 이어졌을지는 상상하기 어렵습니다. 하지만 적어도 코발료프의 모습이 현실 속 우리의 모습과 닮았음은 알 수 있습니다. 그 모습은 필요한 것이 있을 때 그것을 취해야 할 이유가 아닌, 취하지 않아야 할 이유부터 만드는 우리의 모습입니다.

'내가 돌려 달라고 하면 뭐라고 생각할까?'

'분위기상 지금 가져가면 안 되겠지?'

'그냥 포기하자….'

이 모습은 추위가 찾아오자 외투를 입으면 안 되는 이유부터 찾는 것과 같습니다. 이것이 스스로 만든 차별입니다. 여러분이 고려한 상황들은 아직 일어나지 않았고, 일어날 것이 확실하지도 않습니다. 아무도 여러분에게 뭐라고 하지 않았습니다.

> "저는 소령입니다. 동의하시겠지만
> 제가 코 없이 다니는 건 점잖지 못한 일입니다."
> – 니콜라이 고골, 《코》 중에서

《외투》의 주인공은 자기 일에서 즐거움을 느끼며 살았고, 타인을 괴롭히지도 피해를 주지도 않았습니다. 하지만 주변 사람들의 생각은 달랐습니다. 작은 키에 곰보와 홍조증이 있고, 시력도 나쁘고, 탈모 증세가 있고, 말수도 적고, 사람 사귀는 데도 서투른 주인공의 존재 자체를 피해라고 생각했습니다. 자연스럽게 집단을 이룬 그들에게는 한 사람을 따돌리는 행위에 대한 옳고 그름을 고민할 필요가 없던 것입니다.

우리도 그렇습니다. 내게 주어진 것에 권위와 우월감을 더해 타인과의 차이를 주장합니다. 그리고 타인과 동등한 대접을 받는 것에 문제를 제기합니다. 노력을 통해 획득한 것 외에 그냥 주어진 것에까지 특별한 대접을 요구하는 것입니다.

물론 시험을 통과해 입사한 직원과 그렇지 않은 직원에 대한 처우 차이, 예약 손님과 당일 방문 손님의 대기시간 차이 등과 같은 '행위에 대한 정당한 보상 요구'라면 문제가 없습니다. 하지만 자신의 의사와 상관없이 진작부터 주어진 것에까지 보상과 대접을 요구하는 것은 잘못된 행동입니다. 실체 없는 권위는 '유령의 외투'에 불과합니다.

《외투》 후반에 등장한 중요 인사는 하급 관리 주제에 감히 자신을 찾아오느냐며 주인공을 질책했습니다. 그리고 바쁘지 않았음에도 권위가 떨어진다는 이유로 시간을 끌었습니다. 하지만 그에게는 주인공을 질책할 어떠한 권한도 없었습니다. 중요 인사라는 호칭은 어디까지나 그의 직업(= 일)으로 만들어진 외투일 뿐, 인간 자체가 특별해서 주어진 것은 아니기 때문입니다.

만약 중요 인사의 생각대로라면 가난한 사람은 인간 자체가 가난하고,

권력을 가진 인간은 존재 자체만으로도 강하다는 것이 됩니다. 중요 인사는 권위를 인간보다 우선하는 것으로 여겼기 때문에 당당히 주인공을 꾸짖은 것입니다. 게다가 주변 사람들과 주인공 본인까지도 같은 생각을 하며 중요 인사의 행동을 당연하게 받아들입니다.

직업, 권력, 재력 등은 유령의 외투에 불과합니다. 이 외투는 한순간에 사라질 수도 있고, 반대로 없다가 생겨날 수도 있습니다. 오직 바뀌지 않는 것은 인간뿐입니다. 외투를 벗겨놓으면 모두 같은 존재입니다.

우리는 소설 속 상황을 현실에서도 어렵지 않게 목격합니다. 미디어를 통해 무단횡단 빌런, 진상 손님, 무개념 운전자 등의 이야기를 접하면, 보통 "뭐 저렇게까지 한데?", "왜 저래?"라는 반응을 보입니다. 내 이야기는 아니라는 것이죠. 하지만 그들의 모습은 우리의 모습입니다. 우리는 각자의 이해를 인간보다 앞에 두고 자신의 행동을 정당화할 뿐입니다.

《비곗덩어리》에 등장한 승객들은 마차의 출발이라는 이해를 인간보다 우선시하고 비곗덩어리를 향해 하나의 목소리를 냈습니다. 여기에는 그들이 과시하는 재력, 도덕성, 위상까지도 포함되어 있었죠. 이들은 옳고 그름의 판단이 아닌 이해만으로 뭉친 집단입니다.

외투에 빗대어 말하면 찢어져서 방한 기능을 상실한 외투를 걸친 것과 같습니다. 다수가 뭉치면 유행이 만들어지는 것이고, 그들이 그 외투가 따뜻하다고 하면 따뜻한 외투가 되는 것입니다. 누군가 "찢어져서 바람이

들어오는 외투를 왜 입나?"라고 묻기라도 한다면 그 사람은 다수의 비난을 받게 됩니다. 외투를 벗으라고 한 것도 아니고, 그들을 비난한 것도 아님에도 폭력에 가까운 비난을 받습니다.

이렇게 단단하게 뭉친 이들은 다른 사람도 자신들의 유행을 따라오라 강요합니다. 여기에는 어떠한 설명도 논리도 없습니다. 오직 집단의 주장만 존재할 뿐입니다. 찢어진 외투를 입고 비곗덩어리에게 섹스를 강요한 승객들은 결국 비곗덩어리가 얼어 죽는 모습을 지켜보며 봄을 맞이했습니다.

각자의 공통된 이해로 뭉친 집단은 결속력이 매우 약합니다. 찢어진 외투를 입고도 겨울에 얼어 죽지 않은 이유는 다수가 모여있었기 때문입니다. 구성원들도 이미 찢어진 외투는 따뜻하지 않다는 것을 알고 있음에도 무리에서 배제당하지 않으려 모르는 척할 뿐입니다. 하지만 이 집단은 추위가 물러나고 따뜻한 봄이 찾아오는 순간 해체됩니다. 고작 이렇게 흩어질 집단 때문에 많은 사람이 얼어 죽었습니다.

"다들 동의하는데 혼자 왜 저래?"

지금 우리는 이런 모양의 세상에서 중요 인사가 되려 몸부림칩니다. 그러다가 중요 인사가 되지 못했다며 '나는 왜 안 되는 걸까?'라는 자책을 합니다. 우리가 진정으로 몸부림치며 찾아야 할 것은 중요 인사가 되는 것이 아닌 '인간관계의 수평'입니다.

이해와 권위로 얼기설기 엉켜있는 집단에서는 중요 인사가 되었다고 해도 언제든 배제될 수 있습니다. 그렇다면 우리가 직접 수평 집단을 만드는 것은 어떨까요? 글쎄요. 그렇게 간단하게 해결될 것이었다면 세상의 모양이 지금과는 달랐겠죠?

예의나 규칙은 인간이 집단을 이루는 과정에서 만들어졌다고 했습니다. 수평을 찾는 방법도 같습니다. '인간이 집단을 만들었다'라는 말에는 집단보다 인간이 먼저라는 의미도 포함되어 있습니다. 가장 먼저 고려해야 할 것은 인간, 즉 개인입니다. 애써 집단을 형성하는 것보다 개인이 변화하는 것이 더 빠르게 수평을 찾는 방법입니다.

개인은 사회를 변화시킬 수 있고 나아가 세상을 변화시킵니다. 다만 변화를 시작한 인간이 완성까지 목격할 수는 없습니다. 우리는 호모 사피엔스 출현 이후 집단, 사회, 계급, 국가 등의 형성과 소멸을 반복하며 지금에 이르렀고 여전히 변화는 계속되고 있습니다. 지금까지의 과정들을 살펴보면 과학, 사상, 문화를 막론한 모든 분야에서 각각 변화를 선도한 개인이 있었습니다. 그들의 변화는 불편함과 불만족에서 시작되었습니다. 편하고 만족스러웠다면 변화는 필요치 않았을 것입니다. '나는 왜 안 되는 걸까?'라며 불편과 불만을 느낀 우리는 변화의 시작점이 될 수 있습니다.

변화의 시작점은 나의 모습이 다른 사람의 변화로 전염되는 것입니다. 그렇게 한 명이 두 명이 되고, 두 명은 네 명이 되어 유행을 만들어가는 것입니다. '내가 죽고 나서 세상이 바뀐다면 내가 얻는 게 뭐지?'라고 생각할 수 있습니다. 맞습니다. 그렇게 오래 걸린다면 얻을 수 있는 것이 없겠죠.

하지만 방법을 약간만 수정하면 곧바로 얻을 것이 생깁니다. 모두를 위한 평등이 아닌 내가 얻을 것부터 생각하는 것입니다. 이것을 나를 위한 '이기적 평등'이라 부르겠습니다. 이것은 작은 변화의 시작으로 오랜 시간이 흐른 뒤에 세상이 변하는 게 아닙니다. 나의 변화가 곧바로 바뀐 세상을 만나게 해주는 방법입니다.

시선이 평등해지면 그 순간부터는 이해하지 못할 인간이 사라지고, 다른 사람과 비교하지 않는 자신을 만날 수 있습니다. 마음이 평화로워지는 것입니다. 이번 장을 통해 살펴본 차별, 권위, 틀림, 집단과 같은 세상의 모양이 만족스럽지 않다면, 내 시선을 '평등'으로 바꾸어 보세요. 이는 내가 잘난 만큼, 타인도 잘났다는 것을 인정하는 것입니다.

이기적: 내 마음이 평화로워지기 위해

평등: 상대를 인정하는 것

내가 옳다고 생각하는 것? 자신 있으십니까?

기원전 5세기, 그리스의 철학자 디오게네스와 그리스를 정복한 알렉산더대왕이 만났습니다.

알렉산더대왕: 내가 알렉산더대왕이다.
디오게네스: 내가 디오게네스다. 나는 개다.

디오게네스가 정복자를 만나고도 주눅 들기는커녕 자신을 개라고 말하며 고개를 치켜들자 병사들은 곧바로 그를 위협했고, 알렉산더대왕은 질문을 이어갑니다.

알렉산더대왕: 너는 내가 무섭지 않은가?
디오게네스: 당신은 좋은 사람이오, 나쁜 사람이오?

알렉산더대왕은 자신이 나쁜 사람이라 말할 수는 없었습니다.

알렉산더대왕: 좋은 사람이다.
디오게네스: 그렇다면 내가 왜 좋은 사람을 무서워해야 하는 것이오?

한 방 먹은 알렉산더대왕이 분위기를 바꿔 질문합니다.

알렉산더대왕: 말하라, 네가 원하는 것이 무엇이든 다 들어주겠다.
디오게네스: 햇볕이오. 대왕이시여 해를 가리지 말고 비키시오.

세계의 정복자임을 자부한 알렉산더대왕은 자신을 인정하고, 두려워하기를 바라며 질문을 던진 것입니다. 하지만 디오게네스는 인정할 수 없다고, 두렵지 않다고 맞선 것입니다. '알렉산더대왕에게 고개 한번 숙이면 될 것을 왜 목숨을 걸어?'라고 생각할 수도 있습니다. 하지만 디오게네스는 스스로 옳다고 생각한 판단을 행동으로 옮긴 것입니다. 그의 경험, 사상, 개인사 등이 복합적으로 연결되어 내려진 결정일 것입니다. 그래서 디오게네스는 어떻게 되었을까요? 그 자리에서 죽었을까요? 오랜 세월 동안 핍박받으며 살았을까요? 결말은 이러합니다.

알렉산더대왕: 내가 알렉산더가 아니었다면 디오게네스가 되었을 것이다.

이럴 것이다, 뻔하다, 이렇게 될 것이다.
아니요. 일어나지 않은 일은 아무도 모릅니다.
그러니 함부로 상대방의 행동을 비난하면 안 됩니다.

교훈 없이 즐기는 시간 1

브램 스토커 《드라큘라》

《드라큘라》는 아일랜드의 작가, 브램 스토커(Bram Stoker, 1847~1912)가 1897년에 쓴 소설입니다. 소설에 등장하는 '드라큘라'는 출간 후 100년이 훌쩍 지난 지금까지도 다양한 매체를 통해 인기를 얻고 있는 드라큘라 캐릭터의 원조입니다.

이 작품의 시대적 배경은 영국의 빅토리아 시대 말기를 떠올리게 합니다. 현재 영국, 헝가리, 루마니아, 불가리아에 해당하는 지역을 무대로 삼아 흡혈귀인 드라큘라와 드라큘라의 피해자 그리고 그와 맞서는 인간들이 등장합니다. 작가가 서술하는 방식이 아닌 등장인물의 일기, 편지, 전보 등을 이용해 이야기를 전달하는 '서간체 문학'에 해당합니다.

브램 스토커는 1847년 아일랜드 더블린의 북부 지방에서 태어나 연극 비평가와 극장 사무책임자로 일했고, 더블린의 공무원으로도 일한 경력이 있습니다. 그는 사망할 때까지 10여 편의 소설을 발표했지만 주목받은 작품은 없습니다. 《드라큘라》도 출간 당시에는 주목받지 못했다가 작가 사후에 제작된 영화를 통해 인기를 얻어 지금에 이르렀습니다.

브램 스토커는 드라큘라 캐릭터 외에도 언데드(undead)라는 단어를 처음 사용했고, 이는 좀비물이라는 장르를 탄생시켰습니다. 그리고 《일곱별의 보석》(1903)이라는 작품을 통해 미이라 캐릭터까지 만들었습니다. 그런 그가 1912년에 64세의 나이로 세상을 떠나자, '공포 작가 협회(Horror Writers Association)'에서는 원조를 기리는 의미로 '브램 스토커 상'을 만들었습니다. 이 상은 1987년부터 공포와 다크 판타지 장르에서 뛰어난 작품에 수여하고 있습니다.

소설 《드라큘라》의 이야기는 변호사 '조너선 하커'가 루마니아에 있는 '드라큘라' 백작을 찾아가는 장면으로 시작합니다. 드라큘라 백작은 루마니아에서 영국으로 이사를 하기 위해 관련 절차를 '호킨스'라는 변호사에게 의뢰했습니다. 하지만 건강상 이유로 그를 도울 수 없었던 호킨스는 자신이 전적으로 신뢰하는 젊은 변호사 조너선 하커에게 대신 드라큘라 백작을 만나 달라고 부탁했습니다.

조너선 하커가 성에 도착해 처음으로 대면한 드라큘라 백작은 매우 정중한 태도로 조너선 하커를 맞이했습니다. 그렇지만 조너선 하커는 이유를 알 수 없는 불편함을 느꼈습니다. 드라큘라가 식사도 하지 않고, 담배도 피우지 않고, 손짓만으로 늑대를 부리는 능력을 지닌 데다가 넓은 성에 혼자 살고 있다는 것에 불안함을 느낍니다. 결국 그는 성을 구석구석 둘러본 후에야 자신이 이곳에 감금되었다는 사실을 깨닫게 되었습니다. 드라큘라가 벽을 타고 다니는 괴이한 모습까지 목격하게 됩니다.

"드라큘라 백작은 흡혈귀다."

조너선 하커는 사투 끝에 성에서 겨우 탈출해 병원에 입원했고, 약혼녀인 '미나 머리'에게 소식이 전해집니다. 미나 머리는 친구인 '루시 웨스턴라'가 알 수 없는 몽유병 증상으로 정신과 치료를 받다가 증상이 악화되어 사망한 사건에 관심을 두던 중입니다. 루시의 시신이 살아있는 사람 같았기 때문입니다. 사실 루시는 드라큘라의 유혹에 넘어가 그에게 피를 빨려 사망한 것이었고, 이후 죽어도 죽은 것이 아닌 흡혈귀가 되었습니다. 하지만 이런 사정을 알 수 없던 정신과 의사는 원인을 찾기 위해 희소 질병의 권위자인 '아브라함 반 헬싱' 박사에게 도움을 청합니다.

네덜란드에서 건너온 반 헬싱 박사는 폭넓은 지식을 동원해 루시가 흡혈귀로 변했다는 사실을 밝혀내고 그녀를 제거합니다. 곧이어 반 헬싱 박사를 중심으로 드라큘라를 처치하기 위한 연합이 구성됩니다. 하지만 드라큘라는 만만한 상대가 아니었습니다. 보통 사람의 20배도 넘는 힘을 가졌고, 탁월한 지략까지 가지고 있습니다. 드라큘라는 위협을 감지하고는 가장 먼저 조너선 하커의 약혼녀인 미나 머리에게 접근해 그녀를 흡혈귀로 만들어버립니다.

이때부터 루마니아로 돌아가려는 드라큘라와 인간 연합의 추격전이 시작됩니다. 그 과정에서 인간 연합은 점점 흡혈귀가 되어가는 미나 머리의 의식이 드라큘라와 연결되어 있음을 알아냅니다. 그리고 그들은 그녀에게 최면을 걸어 드라큘라를 추적합니다. 결국 루마니아에 도착해 드라큘라와 최후의 전투를 벌이게 된 인간 연합은 안타까운 희생을 치르며 드라큘라를 제거합니다.

고딕

고딕이라는 단어는 유럽의 중세시대가 떠오르는 분위기를 통칭하는 표현입니다. 고딕 소설, 고딕 양식 등으로 다양하게 활용됩니다. 《드라큘라》는 이미 영화, 드라마 등 다양한 미디어를 통해 시각화되어 널리 알려진 작품이기 때문에 고딕의 분위기를 설명하기 좋은 작품입니다.

드라큘라 백작이 사는 성이라고 하면 어떤 분위기인지 떠올릴 수 있죠? 마치 글자체인 고딕체와 같이 곡선보다는 직선 위주로 만들어진 각지고 뾰족한 건물, 돌을 쌓아 만든 벽 등을 떠올릴 수 있습니다. 바로 이런 분위기를 고딕의 분위기라고 생각하면 됩니다.

그렇다면 유럽의 중세는 언제쯤일까요? 유럽 역사에서 중세는 서로마 제국이 멸망하고 게르만 민족의 대이동이 있었던 5세기부터, 동로마 제국이 멸망하게 된 15세기 중엽까지의 시기를 가리킵니다. 하지만 이러한 구분을 동양사에 그대로 적용하기는 어렵습니다. 우리나라 역사에서 중세는 고려 건국 초기부터 망하기까지의 시기를 가리킵니다. 하지만 이를 유럽의 중세에 맞춰보면 조선 세종 시기까지 기간이 늘어나기 때문입니다. 또 유럽 이외 지역에 중세라는 시기가 있었는지에 대한 의견도 상충하는 상황입니다. 따라서 고딕이라는 단어와 비교하는 중세는 유럽의 중세로 한정하는 것이 바람직합니다.

chapter 3

나만의 질서

'각자의 개성을 인정하자.'

'모든 인간은 자신이 옳다고 생각하는 일을 한다.'

앞의 이야기를 통해 우리는 '저 사람은 왜 저럴까?'라는 의문에 '상대에게
는 옳은 일이겠구나'라는 생각을 떠올리기로 했습니다.

상식이라는 단어를 무기로 이해할 수 없는 인간을 분류하고 "왜 저래?"라
는 말을 뱉는 것은 결국 나의 억울함과 분노로 연결됩니다. '이해할 수 없
는 인간에게도 이유가 있을 것'이라는 생각은 내가 억울함과 분노를 마주
하는 것을 방지합니다.

《참을 수 없는 존재의 가벼움》을 통해 알아본 것과 같이 우리는 누구나 각자가 옳다고 생각하는 일을 하며 살고 있습니다. 그런데도 삶의 만족을 느끼는 이가 많지 않은 이유는 《싯다르타》에서 알아본 것처럼 진정 자신이 원하는 것을 따르지 않는 이가 대부분이기 때문입니다. 우리가 삶의 만족에 도달하려면 '나만의 질서'가 필요합니다.

'나만의 질서'는 모든 인간은 평등하다는 생각을 기본으로 합니다.
각자 옳은 일을 하는 서로를 인정함으로써 스트레스를 피하고,
자신의 목소리에 귀 기울여서 진정 원하는 것을 발견하는 것입니다.

#평등
내가 옳다고 생각하면,
사람을 죽여도 되나요?

평등은 각자의 개성을 인정하는 것입니다. 평등의 반대말은 불평등입니다. 차별이라는 단어로도 표현됩니다. 차별은 각자의 개성을 다름이 아닌 틀림으로 생각하는 것입니다. 우리는 종종 살면서 도저히 이해할 수 없는 사람을 봅니다. 우리가 그들을 받아들이지 못하는 이유는 상대방과 나를 대등한 관계로 생각하지 않기 때문입니다.

"어떻게 저런 생각을 하지?"

"대체 무슨 생각으로 저러는 거야?"

이해할 수 없는 사람을 보면 답답하고, 짜증 나고, 불편합니다. 분명 상대방도 나름 그렇게 판단한 이유가 있을 것인데, 우리는 그것을 생각하지 않죠. 그러면서 자신의 행동에는 온갖 이유를 붙여 정당성을 주장합니다.

타인도 마찬가지입니다. 하지만 우리는 그것을 간과합니다. 오직 자신의 행동만 정당하다고 주장합니다. 모든 인간은 평등합니다. 상대방을 인정해야 합니다.

그렇지만 이 주장에는 큰 허점이 존재합니다. 설명을 덧붙이지 않으면, 자충수에 빠질 수밖에 없습니다.

연쇄 살인범, 강간범, 묻지마 폭행범….

이들이 생각할 때 옳은 일이라면 범죄자마저도 이해해야 할까요? 반대로 내가 저놈은 죽일 놈이라는 논리를 완성했다면, 스스로 옳다고 생각하는 일이기에 살인을 실행해도 되는 것일까요? 아니요. 절대 그렇지 않습니다. 우리 주변에 이해할 수 없는 인간이 끊임없이 등장한다고 해서 우리가 그들을 죽이지는 않습니다. 왜 그럴까요? 취향이 다르고, 사정이 다른 다수가 함께 살아가는 모습일 뿐이기 때문입니다. 우리가 그들을 죽이지 않는 것은 그러면 안 된다는 것을 이미 알고 있기 때문입니다. 우리는 옳고 그름을 판단하고, 해도 되는 것과 하면 안 되는 것을 구분하는 능력을 이미 가지고 있습니다. 그렇다면 그 판단의 기준은 무엇일까요? 바로 '공존과 질서'입니다.

"마음에 떠오르는 것을 모두 행동으로 옮길 수는 없잖아요!
어떤 사람이 싫다는 이유만으로 그 사람을 죽일 수는 없잖아요."
– 헤르만 헤세, 《데미안》 중에서

공존하지 않으면 갈등도 없다

사람들은 나누고 대립시키는 것을 참 좋아합니다. 너와 나, 옳고 그름, 좋음과 나쁨, 낮과 밤, 성공과 실패, 부먹과 찍먹 등. 이렇게 계속 나열하다 보면 끝이 없을 정도로 많습니다. 대립이라는 구분은 필연적으로 선택과 연결됩니다. 선택받은 것과 선택받지 못한 것은 갈등을 만듭니다.

우리는 어떤 것을 선택했느냐에 따라 내가 선택하지 않은 것 또는 선택하지 못한 것에 대해 비판과 아쉬움을 표현합니다. 그것은 구분에서 시작했습니다. 우리의 세계는 구분을 통한 대립이라는 구도를 형성하고 있습니다. 그리고 한 가지를 선택해야 하는 것으로 인해 갈등이 생깁니다. 내가 선택하지 않은 반대편이 궁금하기 때문입니다. 가보지 못한, 가지지 못한, 해보지 못한 것에 대한 호기심입니다.

만약 나뉘어 있지 않아 모두 가질 수 있었다면 갈등은 없었을 것입니다. 하지만 우리는 매번 선택을 합니다. 직접 경험해 본다면 궁금증을 해소할 수 있겠지만 그럴 수는 없기에, 자신이 선택한 것이 옳다고 생각하며 그 길을 걷습니다. 그리고 자신의 선택이 옳다는 것을 증명하려 합니다. 안타깝게도 그 증명 방법은 반대편에 대한 비난과 비판입니다. 그렇게 자신의 선택을 옳은 것이라 자위하며 자존감을 지키려 합니다. 반대편을 경험해 본 것도 아니고, 다른 선택을 한 사람에 대해 모든 것을 알지도 못하면서 말입니다.

"불법일 거야."

"뭔가 있어."

"뒤에 누군가 있을 거야."

"알고 보면 속이 썩어있을 거야."

아니요. 모릅니다. '뭔가', '누군가', '그랬을 거야'라는 생각은 모두 추측일 뿐입니다. 우리는 타인의 삶을 살아본 것도 아니면서 추측만으로 확신이라는 최면을 스스로 걸고 있습니다. 그 생각은 맞을 수도 있고 틀릴 수도 있습니다. 게다가 확인할 방법도 없습니다. 그런데도 비난은 계속됩니다. 이것은 자존감을 위한 것일 뿐입니다. 가만히 생각해보면 정말 비참한 것입니다. 정신 승리[16]라는 말은 이럴 때 사용하면 됩니다.

구분과 대립이라는 형태 안에서 괴로워하고, 자존감을 떨어뜨리지 않으려 자위하는 것이 고작인 우리에게는 상대방을 인정하는 것이 시급합니다. 우선 생각의 접근 방향을 바꾸어보겠습니다.

비난, 비판, 부러움의 전제 = 공존

---

16 본인에게 불리하거나 나쁜 상황을 좋은 상황이라고 왜곡하여 정신적 자기 위안을 하는 행위로, 실상은 자신의 망상으로만 이기고 있는 상황을 뜻한다. 김규범, 《고전의 고전》, 책과강연, 2022, 제1장 "상대가 가진 기술: 인간" 참조

공존, 즉 함께 살고 있기에 타인이 존재하고 상대를 부러워하고 비난할 수도 있는 것입니다. 구분, 대립, 선택, 갈등은 공존에서 출발합니다. 혼자라면 이런 것들은 아무런 필요가 없습니다.

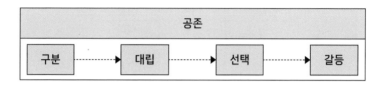

공존을 설명하기 위해 소설 《데미안》에 등장하는 '아브락사스(Abraxas)'라는 존재를 예로 들겠습니다. 아브락사스를 비약적으로 설명하면 '각각의 것이 하나로 뭉쳐 있는 존재'입니다. 빛과 어둠, 선과 악, 옳고 그름과 같이 서로 구분되어 대립하는 가치들을 하나로 뭉쳐 빛이자 어둠, 선이자 악이라는 식으로 공존을 표현하는 것입니다.

애니메이션 〈마징가 Z〉에 등장하는 아수라 백작을 떠올리면 이해하기 쉽습니다. 하나의 몸에 남자와 여자가 공존하는 아수라 백작은 본체는 하나임에도 필요에 따라 남자의 모습과 여자의 모습을 번갈아 보여줍니다. 이를 아브락사스로 확장하면 '옳고 그름은 정해져 있는 것이 아니다. 각자가 원하는 것을 택하면 된다'라는 생각에 도달합니다.

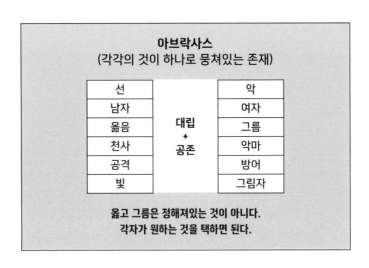

아브락사스
(각각의 것이 하나로 뭉쳐있는 존재)

선		악
남자		여자
옳음	대립 + 공존	그름
천사		악마
공격		방어
빛		그림자

옳고 그름은 정해져있는 것이 아니다.
각자가 원하는 것을 택하면 된다.

끊임없이 갈등하는 소년

헤르만 헤세《데미안》

《데미안》은 독일의 작가 헤르만 헤세(Hermann Hesse, 1877~1962)가 1919년에 펴낸 소설입니다. 성장 과정에서 겪는 내적 갈등으로 방황하던 주인공이 자신의 판단이라는 깨달음에 도달하는 과정을 이야기합니다. 삶과 죽음, 자아 성찰, 인간 내면의 갈등 등 추상적이고 철학적인 내용이 가득합니다. 또 독자의 폭넓은 종교적 지식까지 요구되는 작품이기 때문에 길지 않은 분량임에도 한 번 읽고 이해하기는 어려운 작품입니다. 하지만 '아브락사스'라는 개념을 어렴풋이라도 이해하고 이야기를 접한다면 어려움이 덜할 것입니다.

주인공 '에밀 싱클레어'는 신실한 가정에서 태어나 자란 소위 착한 어린이입니다. 경제적으로도 어려움이 없는, 요리사와 하인까지 있는 가정에서 성장했습니다. 열 살이 된 싱클레어는 자신이 사는 따뜻하고, 안전하고, 편안한 밝은 세계를 전부라고 생각하면서 동시에 따분함을 느끼고 있습니다.

그러던 어느 날부터 집안에서 이상한 소리가 들립니다. 하인들의 말소리였습니다. 그들은 도살장과 감옥, 주정뱅이와 잔소리꾼, 강도와 살인, 자살과 같은 싱클레어가 생각지도 못한 것들에 대해 자연스럽게 이야기합니다. 귀공자처럼 살던 싱클레어는 처음으로 부랑자의 모습을 본 것 같은 이질감을 느꼈고, 따뜻하고 안전한 밝은 세계 외에 어두운 세계도 존재한다는 것을 알게 되었습니다. 마침 밝은 세계를 따분해하던 싱클레어 앞에 짜릿한 세상이 등장한 것입니다. 싱클레어는 자신이 경험하지 못한 또 다른 세계 즉, 어두운 세계로의 일탈을 꿈꾸기 시작합니다.

그러다가 우연히 이웃 아이들(마치 비행 청소년)과 어울리게 된 싱클레어는 그들에게 강해 보이고 싶은 마음에 도둑질을 해봤다는 거짓말(= 허세)을 합니다. 그러고는 드디어 자신도 어두운 세계를 경험했다는 만족감을 느낍니다. 하지만 안타깝게도 그 경험은 진짜 어두운 세계가 아니었습니다. 진짜 어두운 세계는 그의 거짓말을 약점 삼아 협박과 폭력을 일삼는 '프란츠 크로머'를 통해 경험하게 됩니다.

크로머는 재단사의 아들로 사립학교에 다니는 싱클레어와 달리 공립

학교에 다니는 열세 살쯤 먹은 힘세고 난폭한 소년입니다. 그의 아버지는 술꾼이었고 온 가족의 평판도 나쁩니다. 크로머는 어린아이임에도 어른티를 내며 공장 노동자들의 걸음걸이와 말투를 흉내내고, 무리를 이끌고 다니며 비행을 저지르는 녀석입니다. 크로머는 싱클레어를 끈질기게 따라다니며 괴롭히고 금품을 갈취했습니다. 이때부터 싱클레어의 삶이 괴로워지기 시작했습니다. 따뜻하고, 안전하고, 편안한 밝은 세계가 따분하다고 생각했던 싱클레어는 이제 밝은 세계를 그리워하는 상황에 놓였습니다.

싱클레어는 얼마 후 전학생인 '데미안'의 도움을 받아 어두운 세계를 탈출해 밝은 세계로 돌아오게 됩니다. 데미안은 곤경에 처한 싱클레어를 구출했고, 더는 크로머로부터 괴롭힘당하지 않도록 도와주었습니다. 그리고 자신의 내면에 접근하는 방법, 마음을 다스리는 방법, 바른길을 가는 방법도 알려주었습니다.

하지만 진학 문제로 데미안과 떨어져 지내게 된 싱클레어는 얼마 못 가 또다시 어두운 세계에 발을 들이게 됩니다. 사춘기의 끓어오르는 욕망과 불확실한 미래에 대한 걱정에 사로잡혀 피폐한 삶을 살게 된 것입니다. 이로 인해 싱클레어는 퇴학 위기에 놓이게 됩니다.

다행이 그즈음 우연히 한 소녀의 모습을 보고 짝사랑에 빠진 싱클레어는 이름도 모르는 그 소녀에게 '베아트리체'라는 이름을 붙여놓고는 멋진 모습을 보이겠다며 자신의 행동을 바르게 고치기 시작했습니다. 덕분에 어두운 세계에서 스스로 빠져나왔고, 무사히 상급학교에 진학하게 됩

니다. 그 과정에서 어린 시절 자신을 구했던 데미안이 떠오른 싱클레어는
그에게 편지를 보냈고, 얼마 후 답장을 받게 됩니다. 그 쪽지에는 아브락
사스라는 단어가 적혀 있었습니다. 하지만 아브락사스의 의미를 모르던
싱클레어는 데미안의 메시지를 알아듣지 못해 답답해합니다.

새는 알에서 나오려고 투쟁한다.
알은 세계다.
태어나려는 자는
한 세계를 파괴해야만 한다.
새는 신에게 날아간다.
신의 이름은 아브락사스다.
– 데미안의 쪽지 내용

그즈음 싱클레어는 우연히 만난 교회의 파이프오르간 연주자, '피스토
리우스'를 통해 대립하는 것들을 결합하는 양면성이라는 아브락사스의 의
미를 알게 됩니다. 그리고 자신에게 데미안이 매우 소중한 존재임을 깨닫
습니다. 이후 한동안 피스토리우스와 많은 대화를 나누며 오랫동안 자신
을 압박해온 두 세계 사이의 혼란을 정리해나갑니다. 하지만 싱클레어는
모든 궁금증을 해결하지 못한 상태에서 피스토리우스와 헤어집니다.

얼마 후 싱클레어는 대학생(성인)이 되어 우연히 데미안과 재회하고, 그
의 어머니인 '에바 부인'도 만나게 됩니다. 그리고 아직 해결되지 않고

마음속을 혼란하게 만드는 것들에 대해 많은 대화를 나누며 더욱 성숙한 청년이 되기 위해 노력하는 삶을 살겠다고 마음먹기에 이릅니다.

하지만 안타깝게도 그즈음 발발한 제1차 세계대전으로 인해 이들의 만남은 중단되었고, 전장으로 향한 싱클레어는 폭격을 받아 정신을 잃고 쓰러집니다. 다행히 목숨을 잃지 않은 싱클레어는 얼마 후 병상에서 깨어나 다시 한번 데미안을 만나게 됩니다. 데미안은 싱클레어에게 자신의 목소리에 귀를 기울이라는 말을 남기고 사라집니다. 그리고 싱클레어는 내면의 성장을 이룬 자신, 모든 고통스러운 일을 스스로 극복할 수 있게 된 자신을 발견하게 됩니다.

《데미안》 주요 인물

싱클레어				
유년기	초등학생	중학생	고등학생	대학생
가족	크로머	베아트리체	피스토리우스	에바 부인

《 ----------------------- 데미안 ------------------------》

소년의 갈등이 출발한 곳

싱클레어는 밝은 세계와 어두운 세계라는 두 가지 가치 사이에서 갈등합니다. 그런 그에게 데미안은 자신의 목소리에 귀기울이라는 말을 남겼습니다. 이는 둘 중 어떤 것인지를 고르는 것보다 스스로 선택했는지가 더 중요하다는 메시지입니다. 싱클레어는 다수가 가는 길을 따라가는 과정에서 불편을 감지했음에도 자신이 가고 싶은 길이 어디인지 몰랐기에 혼란을 벗어나지 못한 것입니다.

"따라가야 할지, 따라가지 않는다면 어디로 가야 할지…."

우리는 바쁘고 정신없는 삶 속에서도 한 번쯤은 내가 진정 원하는 것이 무엇인지 찾기 위해 내면을 들여다볼 필요가 있습니다. 《데미안》의 작가 헤르만 헤세는 그 과정에 대해 '한 사람 한 사람의 삶은 자기 자신에게 이르는 길'이라고 표현했습니다. 남들이 뭐라 하건, 다수가 뭐라 하건 내가 원하는 길이 최고의 길이라는 것입니다.

《데미안》의 주인공 싱클레어의 내적 갈등은 자신과 타인을 구분하는 것, 구분으로 인해 발생한 대립, 대립하는 것 중 하나를 선택하는 것으로 인해 생겨났습니다. 누가 뭐라 하건 자신의 선택을 믿고, 타인의 선택도 존중했다면 발생하지 않았을 혼란입니다. 이 혼란은 나와 타인이 공존하고 있음을 전제로 합니다. 인간이 살아가는 데 공존은 피할 수 없는 조건입니다. 하지만 그 이후의 조건은 우리가 선택할 수 있습니다. 구분은 차별로 이어지고, 차별은 갈등을 만들어 냅니다.

《데미안》의 제6장 '야곱의 씨름'에는 싱클레어와 피스토리우스의 대화가 등장합니다. 두 사람은 아브락사스를 비롯해 다양한 주제에 관한 대화를 합니다. 싱클레어는 피스토리우스의 친절함과 일반적인 것을 따르지 않는 남다른 생각에 감동하며 많은 것을 배웠습니다. 여기서 말하는 피스토리우스의 남다른 생각이란 대부분 종교적 이견입니다.

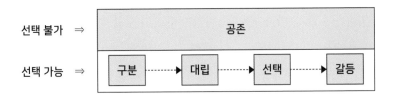

'데미안을 이해하는 것은 성경을 이해하는 것'이라는 말이 있을 정도로 소설 《데미안》은 종교적 지식을 요구하는 작품입니다. 데미안과 싱클레어의 첫 만남에서부터 성경에 기록된 '카인과 아벨'에 관한 대화가 오가고 이후로도 성경에 기록된 '십자가에 매달린 도둑'에 관한 대화가 이어집니다. 이럴 때마다 작품 속 데미안은 성경에 관한 다수의 의견과는 다른 자신만의 주장을 펼칩니다. 반면 싱클레어는 독실한 기독교 가정에서 성장했기에 다수의 의견에 해당하는 주장을 내놓고, 두 사람은 설전을 벌입니다. 그렇지만 이 작품에서 오직 종교에 관한 메시지만 발견할 수 있는 것은 아닙니다. 개인의 삶에 관한 판단이나 자세에 대한 메시지도 발견할 수 있습니다. 바로 다수의 의견과 다른 생각 때문입니다. 이는 종교 이야기를 모르는 상태로 작품을 읽더라도 접근할 수 있습니다. 피스토리우스의 남다른 생각이 잘 드러나는 문장을 소개하겠습니다.

"다수가 가는 길과는 다른 길을 가는 것에 대해 자책하는데,
그러지 말길 바라오."
"우리 안의 영혼이 원하는 바를 금지된 것으로 여기지 말아야 해요."
– 헤르만 헤세, 《데미안》 중에서

하지만 안타깝게도 싱클레어와 피스토리우스의 관계는 오래 이어지지 않습니다. 이유는 이견과 논쟁 때문입니다. 싱클레어도 처음에는 말이 통하는 사람을 만났다는 생각에 모르던 것도 배우고, 응원과 위로를 받습니다. 하지만 대화가 계속되는 동안 서로의 의견 차이를 발견한 싱클레어는 자신과 반대되는 주장을 펼치고 그 주장에 사로잡혀있는 피스토리우스를 답답하게 여기게 됩니다.

이런 생각이 쌓이면서 싱클레어는 한때 자신이 피스토리우스를 인도자로 여겼다는 것에 반감을 갖기에 이릅니다. 뭐랄까요? 슬슬 만만해졌다고 해야 할까요? '아닌데…. 이 사람 답답하네'라는 식으로 말입니다. 결국에는 싱클레어가 피스토리우스에게 날카롭게 따져 묻는 상황까지 발생합니다. 그렇지만 피스토리우스의 대응은 유연했습니다. 쏘아붙이는 싱클레어에게 맞서는 것이 아니라 수긍하는 모습을 보였기 때문입니다. 결국 싱클레어는 그런 피스토리우스의 대응에 자신의 행동이 경솔했다는 것을 깨닫고 부끄러움을 느낍니다. 흥분하지 않는 피스토리우스의 모습에 굴욕을 경험한 싱클레어는 그와 점점 멀어지게 됩니다.

지금 우리는 '모든 인간은 평등하다. 상대방을 인정하자'라는 메시지로

부터 '스스로 옳다고 생각하면 사람을 죽여도 된다는 말인가?'라는 허점을 발견했습니다. 이는 《데미안》에서 자신의 선택이 중요하다며 '마음이 가는 대로 행동하라'라고 말하는 피스토리우스에게 싱클레어가 '어떤 사람이 싫다는 이유만으로 그 사람을 죽일 수는 없잖아요'라고 반문하는 상황과 같습니다. 이에 피스토리우스는 이런 대답을 합니다.

> "경우에 따라서는 그럴 수 있소. 대부분 실수에 불과하지만.
> 모든 일을 단순히 머릿속에 떠오르는 대로 하라는 뜻은 아니오.
> 하지만 그 자체로 충분한 의미가 있는 이 생각들을 쫓아버리고
> 거기에 도덕적 잣대를 들이대서 위험한 상황을
> 만들진 말아야 한다는 거요."
> – 헤르만 헤세, 《데미안》 중에서

피스토리우스는 대부분 실수에 불과하다는 말을 했습니다. 그 외의 생각들은 충분히 의미가 있다는 말도 했습니다. 이는 우리가 앞서 이야기한 '우리는 이미 옳고 그름을 판단하고, 해도 되는 것과 하면 안 되는 것을 구분할 능력을 지니고 있다'라는 말과 일맥상통합니다. 우리가 하고 싶다거나 옳다고 생각하는 것들은 이미 옳고 그름의 판단을 거쳐 내린 생각입니다. 그리고 이런 생각들 대부분은 그 자체로 충분한 의미를 지니고 있습니다.

"사람을 죽여도 되나요?"

안 됩니다. 당연히 안 됩니다. 우리는 누구나 답을 알고 있습니다. 알면서도 이런 극단적인 질문을 앞세워 스스로 원하는 것을 선택하고, 옳다고 생각하는 행동을 하자는 메시지를 쫓아버려서는 안 됩니다. 정신 승리만으로 우쭐하며 버티는 것은, 반드시 한계에 부딪힙니다.

#동심
이미 알고 있는 것

동심은 스스로 옳다고 생각하는 일에 대한 판단 기준입니다. 아이들이 알고 있는 것은 모두 옳은 것, 바른 것입니다. 어른인 우리가 아이들을 그렇게 가르치고, 그렇게 살라고 하기 때문입니다. 이미 정답은 우리 안에 있습니다. 그것을 알고 아이들에게 가르치고 있으면서 정작 자신에게는 적용할 생각을 하지 않을 뿐입니다. 즉, 옳고 그름의 판단 기준은 동심(童心)입니다. 그렇지만 많은 사람들이 이미 몸도 마음도 자란 우리에게 동심은 이미 사라졌을 것이라 생각하고 있습니다. 그렇지 않다는 것을 프랑스의 작가 생텍쥐페리의 1943년 작품 《어린 왕자》를 통해 알아보겠습니다.

프라하의 아기 예수

《어린 왕자》는 작가, 앙투안 드 생텍쥐페리(Antoine de Saint-Exupéry, 1900~1944)에게 세계적 명성을 안긴 작품입니다. 출간 후 80여 년이 흐른 지금까지도 새로운 형태의 도서와 캐릭터 상품 등이 출시되며 어린이와 어른 모두의 사랑을 받고 있기 때문입니다.

생텍쥐페리는 12세에 처음 비행기를 타본 것을 시작으로 평생을 비행기와 함께한 인물입니다. 21세에 공군에 입대해 조종사가 되었고, 제대 후에는 회계사로 일하면서 시와 소설을 습작하다가 25세에 본격적인 문학 인생을 시작했습니다.

생텍쥐페리는 26세에 항공회사에 입사해 항로 개발 업무를 담당했습니다. 그는 북서 아프리카, 남대서양, 남아메리카 항공로를 개척한 인물이기도 합니다. 꾸준히 창작 활동과 함께 비행기와 관련된 일을 하던 그는 1944년에 공군 조종사로 복귀했습니다. 그리고 같은 해 7월에 정찰 비행 중 실종되어 44세의 나이로 사망 처리되었습니다. 생텍쥐페리는 비행 관련 에피소드 외에도 수많은 명언을 남긴 인물로도 알려져있습니다.

"사랑이란 서로 마주 보는 것이 아니라,
둘이서 같은 방향을 보는 것이다."
– 생텍쥐페리, 《인간의 대지》 중에서

《어린 왕자》는 생텍쥐페리와 미국의 출판 관계자의 식사 자리에서 우연히 기획된 어린이용 도서에서 시작되었습니다. 생텍쥐페리는 식당에 먼저 도착해 냅킨에 어린아이 그림을 그리며 상대를 기다리고 있었습니다. 그리고 잠시 후 도착한 출판 관계자가 냅킨에 그려진 그림을 보고 어린이용 책을 써보자고 제안한 것입니다. 기획은 어린이용 책이었지만 결과물은 어른이 읽어도 큰 감동을 경험할 작품이 완성된 것입니다.

생텍쥐페리는 '프라하 아기 예수상'을 모티프로 어린 왕자 캐릭터의 기본 스케치를 완성해 직접 초판 표지를 그렸습니다. 프라하 아기 예수상을 최초로 제조한 사람은 스페인 남부 콰달키비르 지역의 수도사 요셉입니다.

《어린 왕자》 초판 표지

프라하 아기 예수상

요셉이 어느 날 수도원 바닥을 청소하고 있는데 우아한 차림을 한 아이가 나타났습니다. 그 아이는 요셉에게 청소를 잘한다고 칭찬을 하고는 대뜸 당장 성모송[17]을 바쳐달라는 부탁을 했습니다. 당황스러운 요청이었음에도 요셉은 그 자리에서 두 손을 모아 성모송을 바치기 시작했습니다. "은총이 가득하신 마리아님 기뻐하소서"로 시작된 성모송이 "태중의 아들 예수님 또한 복되시나이다"에 이르자 그 아이는 "그게 나다!"라고 외치고는 사라졌습니다. 그 아이가 아기 예수였던 것입니다.

요셉은 그때부터 아기 예수에 대한 그리움으로 시간을 보내게 되었습니다. 그러던 어느 날, 기도 중인 요셉에게 "너는 내 모습대로 밀랍 인형을 만들어라"라는 아기 예수의 목소리가 들렸습니다. 요셉은 즉시 재료를 구해 아기 예수의 모습을 만들기 시작합니다. 하지만 흐릿해진 기억으로 인해 정확한 아기 예수의 모습을 재현하지 못해 다양한 모습으로 여러 개의 예수상을 만들어내기만 하는 상황에 놓이게 되었습니다. 그때 아기 예수가 다시 나타나 자신의 모습을 보여주었고, 요셉은 그 모습대로 아기 예수와 똑같은 모습의 밀랍 인형을 완성하고 평온하게 숨을 거두었습니다.

완성된 아기 예수상은 이후 1년여간 스페인의 수도원에 모셔졌다가 그 지역 후작의 손에 들어갑니다. 후작은 아기 예수상을 딸의 결혼 선물로 주었고, 시간이 흘러 그 딸은 자신의 딸에게 아기 예수상을 물려주었습니다.

이후 남편이 사망해 과부가 된 마지막 소유자인 딸은 1623년에 프라하

---

17 성모 마리아에게 바치는 기도

에 있는 승리의 성모 수도원에 아기 예수상을 기증했습니다. 하지만 1631
년, 전쟁 중에 수도원이 약탈당하는 과정에서 바닥에 팽개쳐진 아기 예
수상은 팔이 부러진 상태로 방치되었습니다. 그리고 수리를 거쳐 1655년
4월 4일에 성대한 대관식을 치른 후, 현재 체코 프라하의 말라스트라나에
있는 승리의 성모 성당에 모셔져있습니다.

아기가 산전수전 다 겪었죠? 현재 성당에 모셔져있는 아기 예수상의 행
적은 소설《어린 왕자》에서 '어린 왕자'가 여러 별을 떠돌며 산전수전 다
겪은 후에 지구에 도착한 것과 닮았습니다.

어린 자신과 만난 어른
생텍쥐페리《어린 왕자》

이야기의 화자는 사막에서 어린 왕자와 만난 비행사입니다. 어린 왕자
가 사는 별의 이름은 B612입니다. 이곳에는 자그마한 세 개의 화산, 바오
밥 나무[18], 어느 날 어디선가 날아온 꽃씨에서 피어난 장미꽃 한 송이가
있습니다. 이 중 장미꽃은 종종 어린 왕자를 힘들게 합니다. 오직 자기만
사랑해달라고 하기 때문입니다.

결국 어린 왕자는 장미를 남겨놓고, 철새를 타고 다른 별로 여행을 시작

---

18 국내에서는 흔히 '바오밥 나무'라고 많이 알려져있으나 외래어 표기법은 '바오바브나무'라고 표기하고
있다.

합니다. 여섯 개의 별을 거쳐 지구에 도착한 어린 왕자는 철도원, 장사꾼, 천문학자, 사막여우를 차례대로 만난 뒤에 화자인 비행사를 만납니다.

《어린 왕자》는 워낙 유명한 작품이기 때문에 여기서는 전체 줄거리를 소개하지 않겠습니다. 어린 왕자가 거쳐 온 여섯 개의 별이 어떤 의미를 지니고 있는지만 알아보고 후반 줄거리로 넘어가겠습니다.

'여섯 개의 별'을 순서대로 외우는 방법
[왕심술 싸가지]

왕	늙은 왕이 사는 별
심	허영심 많은 남자가 사는 별
술	술꾼이 사는 별
싸	사업가가 사는 별
가	가로등 켜는 남자가 사는 별
지	지리학자가 사는 별

어린 왕자가 지구에 도착하기까지 거친 별의 이야기는 풍자가 담겨있습니다. 첫 번째로 들른 늙은 왕이 사는 별에는 온 우주의 별들을 다스리는 왕이 살고 있습니다. 왕은 말끝마다 "허락한다"라는 말을 붙입니다. 여섯 개의 별 중에서 가장 긴 내용이 담긴 곳이기도 합니다. 이곳에서 어린 왕자는 늙은 왕과 여러 가지 이야기를 나눕니다.

늙은 왕은 프랑스 왕정이 공화정으로 변한 지 오랜 시간이 흘렀음에도 여전히 허세를 부리는 왕족들의 모습을 반영한 캐릭터입니다. 권력도, 재력도 없으면서 왕족의 체면만은 지키려는 그들의 모습을 풍자한 것이죠.

두 번째로 들른 별에는 허영심 많은 남자가 살고 있습니다. 이 남자는 손에 들고 있던 모자를 쓰고 인사를 합니다. 그 인사를 받은 어린 왕자가 손뼉을 치자 기뻐하며 또 인사를 합니다. 어린 왕자는 또 손뼉을 치고, 남자는 또 인사를 합니다. 그는 어린 왕자의 말에는 전혀 귀 기울이지 않고 오직 박수받는 것에만 관심을 둘 뿐입니다. 이 모습은 인정받기만을 원하고, 타인의 건설적 비판에는 귀 기울이지 않는 사람들의 모습을 풍자한 것입니다.

세 번째 별에는 술꾼이 살고 있습니다. 술꾼은 계속 술만 마십니다. 어린 왕자가 왜 그렇게 술만 마시고 사느냐고 묻자 부끄러움을 잊으려고 마신다고 합니다. 그래서 뭐가 부끄러우냐고 물었더니 술 마시는 것이 부끄럽다고 합니다. 술꾼의 대답은 주장과 근거의 의미가 같게 되는 논증 오류인 순환 논리의 오류에 해당합니다. 이를 통해 모순적인 인간의 모습을 풍자합니다.

네 번째 별에는 사업가가 살고 있습니다. 사업가는 많은 별을 소유하고 있습니다. 그는 계속해서 숫자를 셉니다. 그러고는 그 숫자를 예금하고 다시 숫자를 셉니다. 별에 도착한 어린 왕자를 보고도 숫자를 세는 데 방해되니 귀찮게 하지 말라고 합니다. 그때까지 세 개의 별을 거치는 동안 한 번도 상대에게 빈정대는 말을 하지 않았던 어린 왕자도 이곳에는 "그게 당신에게 무슨 도움이 되나요?"라는 질문을 던지며 불편함을 드러냅니다. 사업가의 모습은 돈에 집착하는 자본가 계급의 모습을 풍자한 것입니다.

다섯 번째 별에서는 가로등 켜는 남자를 만납니다. 남자는 노을이 질 즈음이면 가로등을 켜고, 동이 틀 즈음이면 가로등을 끕니다. 이곳은 우리 시간을 대입했을 때 1분마다 낮과 밤이 바뀌어 하루에 1,440회의 노을을 볼 수 있는 작은 별입니다. 덕분에 남자는 잠시도 쉬지 않고 성실하게 가로등을 조작하고 있습니다. 왜 그러냐고 물으니 누가 시켜서 하고 있다고 합니다. 잠깐 쉬라고 해도 쉬지 않습니다. 이 남자의 소원은 잠을 자보는 것이라고 합니다. 이 부분은 작가의 노동자 계층에 대한 시선이 느껴지는 부분입니다. 성실하게 노동하는 사람들이 하는 일들이 과연 가치 있는 노동인지, 가치 없는 노동인지에 대한 질문을 던지는 것이기도 합니다.

마지막 여섯 번째 별에는 지리학자가 살고 있습니다. 이곳은 지금껏 들렀던 별 중에서 가장 큽니다. 지리학자는 각 우주에 퍼져 있는 특파원들을 통해 다른 별의 소식을 듣습니다. 어떤 별이 있는지, 어떻게 생겼는지, 크기는 어떤지 등의 소식입니다. 지리학자는 실제로 가보지도 않은 별에 대해 오로지 전해 들은 내용만을 기록할 뿐입니다. 이 부분은 지식인 계층에 대한 작가의 시선을 엿볼 수 있는 부분으로 현장성이 없는 공허한 이론가들을 풍자합니다.

생텍쥐페리는 사회에 대한 풍자를 담아 여섯 개의 별을 만들었습니다. 생텍쥐페리의 눈에 비친 이해할 수 없는 인간들의 모습이라고 할 수 있습니다. '왜?'라는 생각이 드는 타인의 모습을 자신만의 방식으로 해석해 작품에 담은 것입니다.

과연 생텍쥐페리는 이렇게 풍자한 것으로 속이 시원해졌을까요? 글쎄요, 여전히 그의 눈에는 이해할 수 없는 사람들이 보였을 것입니다. 오히려 그들로부터 비난을 받았을지도 모릅니다.

만약 생텍쥐페리가 평등의 시선으로 세상을 바라봤다면 어땠을까요? 우리는 《어린 왕자》라는 작품을 읽지 못했을 것입니다. 하지만 적어도 생텍쥐페리 자신은 이해할 수 없는 사람들이 사라지는 선물을 받았을 것이라 예상합니다.

작품의 배경은 사하라 사막입니다. 작가 생텍쥐페리가 비행사 시절에 비행기 고장으로 사하라 사막에 추락한 경험이 반영된 것이라고 합니다. 지구에 도착한 어린 왕자는 비행사와 많은 이야기를 나눕니다. 이렇게 보면 어린 왕자와 비행사는 각각 독립된 인물이라고 생각할 수 있습니다. 하지만 두 인물은 동일 인물입니다. 비행사는 사막에서 어린 시절의 자신을 만난 것입니다. 어린 왕자가 아무도 못 알아본 코끼리를 삼킨 보아뱀을 금방 알아본 것은 동일인이기에 가능한 것이었습니다.

작품 후반에 가서 어린 왕자는 사라집니다. 작품에 언급되지는 않았지만 '죽었다', '자살했다'라고 바꿔 말할 수도 있습니다. 이 부분이 가장 중요합니다. 작가가 그것을 직접 언급하지 않았다는 것입니다. 작가는 어린 왕자가 죽은 것 같지만 죽지 않았다는 말을 전하고 싶었던 것으로 판단됩니다. 어린 왕자의 시신이 사라져버렸다는 것이 이 해석을 뒷받침합니다.

비행사는 어린 왕자가 자신의 별로 돌아갔다고 짐작합니다. 어떻게 보면 사망보다는 실종에 가깝게 느껴지는 표현입니다.

어린 왕자와 비행사는 동일 인물이다.
어린 왕자는 비행사의 동심(童心)이다.
동심은 죽은 것이 아니라 실종된 것이다.

어린 왕자가 육체의 죽음이라는 형태를 빌어 사라진 장소가 사막이라는 것은 어린 왕자가 죽지 않았다는 것을 뒷받침합니다. 작품에는 어린 왕자가 바닥에 쓰러지는 순간을 '모래 때문에, 심지어 아무 소리도 나지 않았다'라고 표현합니다. 그럼 이제부터 작품의 배경이 왜 사막이고, 왜 비행사와 어린 왕자가 사막에서 만난 것인지를 생각해보겠습니다.

사막을 구성하고 있는 수많은 모래는 오랜 시간 동안 볕과 바람에 연마되어 세밀한 알갱이가 되었습니다. 이는 모래가 시간을 상징하고 있음을 짐작게 합니다. 시간은 세월이라고 부를 수 있습니다. 세월 위에서 어른이 된 비행사가 어린 시절의 자신인 어린 왕자를 만난 것입니다. 소리 없이 쓰러진 어린 왕자는 결국 시간 속으로 사라진 어린 시절, 동심을 의미하는 것입니다. 그렇습니다. 동심은 죽지 않았습니다. 세월이라는 모래 위에 소리 없이 쓰러져 실종되었을 뿐입니다.

가깝게 지내던 사람이라 해도 이런저런 사정으로 떨어져 지내게 되면 연락이 뜸해지다가 나중에는 서로의 소식조차 모르고 지내는 경우가 생깁니다.

"죽지 않고 살아만 있으면, 언제든 만날 수 있어."

물론 만나지 못하다가 부고를 듣기도 합니다만, 어쨌든 우리는 《어린왕자》를 통해 아직 동심이 우리 안에 살아있다는 것을 확인했습니다. 우리가 아이들에게 가르치는 옳은 것, 좋은 것이 모두 동심과 연결되는 것들이기 때문입니다. 나만의 질서라는 답이 어렵게 느껴진다면, 좀 더 구체적인 표현을 원한다면, 판단의 기준으로 '동심'을 제안합니다.

남의 이야기가 아닌 내가 진정으로 원하는 것을 찾으려 노력하고, 그것에 관한 판단을 스스로 해야 합니다. 판단의 기준은 어릴 적의 내가 지금의 내 행동을 보고 부끄러워하거나 무서워하지 않는 것입니다. 이는 나에게만 특별히 적용되는 것이 아닙니다. 타인에게도 동일하게 적용됩니다. 그렇기에 모두의 의견이나 행동은 존중받아야 합니다. 이해할 수 없다면서 높낮이를 만드는 것은 차별입니다. 모든 인간은 같은 존재라는 평등의 시선이 필요합니다. 생각을 바꾸는 순간부터 이해할 수 없는 인간은 여러분의 시야에서 사라질 것입니다.

#질서
이해할 수 없는 인간들

질서는 다수가 함께 공존하는 사회를 지키는 최소한의 기준입니다. 모두가 자기 생각만 앞세워 서로를 죽이고 짓밟으며 "이건 내가 원하는 일이야", "내가 생각하기엔 이게 맞아"라고 큰소리치는 세상은 상상만 해도 아찔합니다.

이번 편에서는 프랑스의 작가, 알베르 카뮈(Albert Camus, 1913~1960)의 1924년 작품인 소설 《이방인》과 스페인의 작가, 미겔 데 세르반테스(Miguel de Cervantes, 1547~1616)의 1605년(전편), 1615년(후편) 작품인 소설 《돈키호테》를 만나보겠습니다. 두 소설을 통해 나만의 질서에 동심이라는 판단의 기준이 없으면 어떤 상황이 벌어지는지 알아보겠습니다.

사람을 죽여놓고 태양 핑계를 늘어놓는 이야기

알베르 카뮈 《이방인》

강렬한 첫 문장으로도 유명한 《이방인》은 모순되고 부조리한 삶의 모습을 잘 보여줍니다.

> "오늘, 엄마가 죽었다. 아니 어제였는지도 모르겠다."
>
> (Aujourd'hui, maman est morte. Ou peut-être hier, je ne sais pas.)
>
> – 알베르 카뮈, 《이방인》의 첫 문장

주인공 '뫼르소'는 북아프리카에 있는 프랑스령 알제리에 사는 평범한 직장인입니다. 초반부터 그는 보통 사람과 다르게 생각하고, 다르게 행동하는 괴팍한 인물로 자신을 보여줍니다. 양로원으로부터 어머니가 돌아가셨다는 전보를 받은 주인공은 어머니의 장례식을 치르러 양로원을 찾아갑니다. 그렇지만 어머니의 시신을 확인하려 하지도 않고, 시신 주변에서 담배를 피우기까지 합니다. 슬퍼하기는커녕 단 한 방울의 눈물도 흘리지 않던 그는 장례식이 끝나자 곧바로 애인과 코미디 영화를 보며 껄껄거리며 시간을 보냅니다.

이렇듯 뫼르소는 어머니의 죽음이라는 사건에도 아무런 감정을 느끼지 않는 인물입니다. 그렇다고 과거에 어머니와 문제가 있었다거나, 불효자

나 패륜아로 성장한 것도 아닙니다.[19] 뫼르소의 태도는 비단 어머니에게만 국한되지 않습니다. 여자 친구인 '마리'에게는 너를 사랑하는 것 같지는 않지만 원한다면 결혼을 할 수는 있다는 식의 태도를 보입니다. 뫼르소가 사랑이라는 것에 특별히 의미를 두지 않음을 짐작케 합니다.

그런 뫼르소에게 옆집에 사는 불량배 '레몽'이 친구가 되자며 다가옵니다. 뫼르소는 그가 불량배라는 사실을 알면서도 아무 거리낌 없이 친구가되기로 합니다. 그러자 레몽은 뫼르소에게 한 가지 부탁을 하는데요. 지금 자신이 만나는 내연녀를 혼내줘야겠는데, 그녀를 유인할만한 편지를 대필해 달라는 부탁이었죠. 당연히 정상적인 부탁은 아니죠? 그런데 부탁을 받은 뫼르소는 거절은커녕 태연하게 그의 부탁을 들어줍니다. 뫼르소는 이렇게 생각했습니다. '내가 이 사람은 돕지 않을 이유는 없다.' 이런식의 상식 밖의 언행들은 곧이어 펼쳐질 그의 살인 장면을 통해 극에 달하게 됩니다.

뫼르소는 이웃 친구(?) 레몽의 초대를 받아 자신의 여자 친구와 함께 해변에 놀러 왔습니다. 이곳에는 예상치 못한 인물들이 함께하고 있었습니다. 바로 뫼르소가 대신 써준 편지에 유인당해 폭행당한 여성의 남자 형제들이 복수하겠다며 찾아온 것이죠. 뫼르소는 그들과 한바탕 싸움을 치르고 한숨 돌리려 자리를 옮겼습니다. 그때 뫼르소 앞에 방금 싸웠던 이들

---

19 이러한 주인공의 모습은 작품 주제를 형상화하기 위한 의도된 설정으로 해석할 수 있다.

중 한 명이 나타났습니다. 뫼르소는 레몽에게 건네받아 보관 중이던 총으로 그를 쏴서 죽였습니다. 곧장 뫼르소는 체포되었고 재판을 받게 됩니다.

법정에서 뫼르소는 자신을 적극적으로 변호하려 하지 않고 너무나도 담담하게 죄를 모두 인정해버립니다. 그 이유는 여러 가지로 접근해 볼 수 있지만, 가장 큰 이유는 재판 전에 사건이 싱겁게 마무리될 것이라는 이야기를 들은 것이라고 볼 수 있습니다. 당시 알제리는 프랑스 식민지였기 때문에 프랑스 사람이 알제리 사람을 죽였다는 것은 큰 잘못으로 취급받지 않았습니다. 그리고 법정에서도 적당히 감싸주는 것이 가능할 만큼의 사회적 분위기가 형성되어 있었습니다. 하지만 예상과 달리 재판은 11개월간 이어졌고, 분위기는 뫼르소에게 불리하게 변해 갑니다.

여자 친구인 마리는 뫼르소에게 도움이 되길 바라는 마음으로 증인으로 출석해 이야기를 털어놓습니다. 하지만 이는 오히려 뫼르소를 어머니의 죽음에도 슬퍼하지 않고 애인과 놀러 다닌 패륜아로 만들어버렸습니다. 증언 도중 분위기가 이상해진 것을 느낀 마리는 증언을 중단하고 눈물을 쏟습니다.

재판의 방향은 해변에서의 살인이 아닌, 어머니 장례식에서의 패륜으로 바뀌었습니다. 재판에 임하는 뫼르소의 태도까지 문제 삼아 전혀 다른 방향으로 흘러가면서 재판이 길어지게 된 것입니다. 뫼르소는 아랍인을 살해한 이유가 태양이 눈 부셨기 때문이라는 황당한 말로 배심원들을 당황하게 만듭니다. 결국 배심원들은 별것도 아닌 일로 사람을 죽이는 비정상인이라며 뫼르소에게 사형을 선고합니다. 하지만 뫼르소는 전혀 동요하지 않습니다. 오히려 참회를 권하러 찾아온 성직자와 언쟁을 벌이고 그를 꾸짖어 쫓아버리기까지 합니다.

이제 감옥에서 죽음을 기다리는 신세가 된 뫼르소, 잠에 들었다가 하늘의 별을 보며 눈을 뜬 그는 별도, 밤도 세상의 모든 것들도 자신과는 상관없는 세계로 향하고 있다는 생각을 합니다. 그러고는 세상 모든 것이 자신에게 무관심하다는 것으로부터 행복감을 느낍니다. 그는 자신의 사형이 집행되는 날 그 장소에 많은 구경꾼이 모여 증오의 함성으로 자신을 맞아주길 바랍니다. 그것이 자신을 덜 외롭게 해줄 것이라 생각했기 때문입니다.

프랑스의 작가, 저널리스트, 철학자인 알베르 카뮈는 1913년 알제리의 몬도비(Mondovi)에서 태어났습니다. 그의 아버지인 뤼시앵 카뮈(Lucien Camus)는 그가 태어난 이듬해에 제1차 세계대전에 징집되어 사망했고, 어머니인 카트린 엘렌 생테스(Catherine Hélène Sintès)와 할머니와 함께 성장했습니다.

문맹이며 청각장애가 있던 어머니는 가정부로 일하며 가계를 운영했습니다. 성인이 되어 알제리 대학 철학과에 입학한 카뮈는 돈벌이와 공부를 병행했습니다. 그러다 건강에 문제가 생겨 학교를 중퇴하고 말았습니다. 이 시기에 만난 장 그르니에(Jean Grenier)[20]는 카뮈의 사상적 스승이 되었습니다.

---

20 장 그르니에(Jean Grenier, 1898~1971): 프랑스의 철학자이자 작가

이후 신문사에 입사해 저널리스트로 활동하게 된 카뮈는 변함없이 일과 글쓰기를 병행했습니다. 1940년에 파리에 도착한 그는 잡지사에서 일하며 《이방인》을 완성했습니다. 하지만 독일군이 파리로 들어오자 위협을 피해 잠시 파리를 떠나야 했습니다. 그리고 1942년부터 '부조리 3부작[21]'의 출간과 함께 다시 파리로 돌아와 출판 편집자, 신문기자 등의 활동과 글쓰기를 병행하며 이름을 알리기 시작했습니다. 이후 《페스트》의 선풍적인 인기를 통해 유명 작가가 되었고, 43세의 나이로 '프랑스 최연소 노벨문학상 수상 작가[22]'라는 영예를 안았습니다.

부조리에 반항하는 이방인

이방인이라는 단어는 현실에 무관심한 태도를 보이고, 삶에 방관적인 태도를 고수하는 주인공 뫼르소를 의미합니다. 뫼르소를 통해 이방인을 발견할 수 있습니다. 쉽게 설명하면 대다수의 보통 사람들은 어머니의 죽음에 담담하고, 살인에 대한 죄책감이 없는 등 근대사회가 구축해 놓은 가치 체계를 수용하지 않는 뫼르소를 적(= 이방인)으로 생각한 것입니다. 알베르 카뮈는 이를 통해 부조리에 반항하는 인간상을 제시합니다.

---

21 부조리 3부작: 소설 《이방인(1942)》, 에세이 《시지프 신화(1942)》, 희곡 《칼리굴라(1945)》

22 알베르 카뮈는 역대 두 번째 연소 노벨문학상 수상자이다. 최연소 수상자는 1907년에 41세의 나이로 수상한 《정글북(1894)》을 쓴 영국 작가인 조지프 러디어드 키플링(Joseph Rudyard Kipling, 1865~1936)이다.

부조리는 인생에서 의미를 발견할 가망이 없는 일이나 관계를 의미하는 실존주의 용어입니다. 알베르 카뮈는 성장 과정에서 빈부격차를 크게 느꼈고, 폐결핵으로 오랜 기간을 고생했습니다. 그는 자신이 왜 이런 상황에 놓인 것인가라는 의문을 해소하려 했지만 답을 찾지 못했고, 결국 삶은 부당하다는 생각에 도달했습니다.

만약 다른 사람들은 대부분 건강한데, 자신만 병으로 오랜 기간 고생하는 중이라면 왜 자신만 병들어 고생하는지 그 이유가 궁금할 것입니다. 원인을 찾아 고통을 멈추고 싶을 것입니다. 또 남들보다 한참 부족한 경제력으로 지독한 가난을 겪으며 당장 끼니를 걱정해야 하는 상황이라면 왜 나만 가난한 것인가라는 의문을 가질 것입니다. 이 또한 원인을 찾아 가난을 멈추고 싶을 것입니다. 하지만 답을 찾으려고 해도 복잡하게 얽히고설킨 무엇들로 인해 답을 찾지 못하고 정확한 원인을 찾는 게 불가능하다는 것만 알게 됩니다. 이렇듯 원인도 알 수 없고, 이해할 수도 없는 일들이 실제로 일어나는 현상을 부조리라고 말합니다.

알베르 카뮈는 미지의 무언가로부터 일방적으로 당해야만 하는 것(= 부조리)이 현실임을 깨닫고도 포기하지 않았습니다. 그는 이러한 부조리에 굴복하지 않고 적극적으로 끌어안고 살겠다고 결심했습니다. 부조리를 두려워하거나 피하지 않고 사랑하며 끌어안겠다는 것이죠.

알베르 카뮈의 부조리 3부작 중 하나인 《시지프 신화》에는 커다란 바위를 계곡 밑에서 산꼭대기로 굴려 올리는 장면이 등장합니다. 바위를 밀어

정상에 도착하면 바위는 다시 계곡 아래로 굴러떨어집니다. 다시 바위를 굴려 정상에 올려놓으면 또 굴러떨어집니다. 게다가 이 상황은 영원히 반복됩니다. 이 상황이 고통스러운 이유는 힘들어서가 아닙니다. 아무 의미 없는 행위라는 것이 힘든 것입니다. 이런 상황이 부조리한 상황입니다.

그런데도 멈추지 않고 끈질기게 바위를 밀어 올리는 것을 알베르 카뮈는 부조리를 두려워하거나 피하지 않고 사랑하며 끌어안는 행위라 정의했고, 이에 반항이라는 이름을 붙였습니다. 반항은 능동적인 행위입니다. 부조리에 반항하는 것은 어디까지나 자의적 선택입니다. 《시지프 신화》에는 이런 문장이 나옵니다.

> 그의 말 없는 기쁨은 모두 여기에 있다.
> 그의 운명은 그의 것이다. 그의 바위는 그의 것이다.
> − 알베르 카뮈, 《시지프 신화》 중에서

소설 《이방인》이 발표된 1942년은 프랑스가 독일군의 점령하에 있던 시기입니다. 전쟁으로 인해 전 세계가 황폐했습니다. 당시 절망적인 상황에서도 살아갈 수밖에 없었던 인간들은 삶의 부조리를 뼈저리게 느껴야 했습니다. 그때 나타난 뫼르소는 뜻밖의 말과 행동으로 현실의 모순을 견뎌낼 돌파구를 보여주었고, 이는 곧 실존주의의 대중화로 이어졌습니다. 소설 속에서 뫼르소는 정신감정이 필요한 수준의 환자로 보기에 충분합니다. 하지만 뫼르소는 부조리한 현실 속에서 자신의 실존을 지키기 위해 자신에게 솔직했던 순수한 인물이었습니다. 이는 작가가 부조리한 세계 속에서 자신을 노예가 아닌 주인으로 만든 인간의 이면을 보여주려 했음이 아닐까요?

'코로나바이러스 감염증-19'라는 부조리

21세기를 살아가는 인간은 꾸준한 연구와 분석을 통해 엄청난 수준의 과학기술을 보유하기에 이르렀습니다. 그리고 그것은 현재 진행 중입니다. 한때 상상 속에서나 가능했던 수많은 일이 이미 현실이 되었습니다. 지금껏 인간은 거의 모든 것에 관한 원인과 결과를 밝혀내며 원리를 깨우쳤고, 이제는 우주로 시야를 확장하고 있습니다.

하지만 2019년에 등장한 신종 코로나바이러스 감염증-19(이하 코로나-19)는 불과 한 달 사이에 모든 인간을 무력화시켰습니다. 엄청난 속도로 확산한 바이러스는 수많은 인간의 생명을 빼앗았고, 이동을 멈추게 했으며, 만남도 중단시켰습니다. 인간은 순식간에 고통에 빠져 미래가 보이지 않는 불안과 공포에 휩싸이고 말았습니다.
인간은 이미 신의 영역이라 일컫는 인간 유전체 분석마저 성공해 게놈지도를 완성했을 만큼 수준 높은 의료 기술을 보유하고 있습니다. 하지만 코로나-19 앞에서는 한없이 부족한 기술일 뿐이었습니다. 어디서 어떻게 생겨났고, 왜 생겨난 것인지, 어떤 메커니즘으로 움직이는지, 인간은 아무것도 모르는 상황에서 일방적으로 당할 수밖에 없었습니다. 이보다 부조리한 상황이 또 있을까요?

이 상황은 인간이 모든 것을 포기하기에 충분한 조건을 갖추었습니다. 하지만 인간은 이해할 수 없다며 포기하지 않았습니다. 그동안 이룩해 온 과학기술을 바탕으로 온라인이라는 새로운 방식을 통해 부조리한 현실에 반항하기 시작했습니다. 그리고 어느새 원격, 비대면이라는 새로운 반항의 방식을 교육, 경제, 의료, 종교를 비롯한 모든 곳에 적용했습니다.

자칫 인간은 절망에 굴복할 뻔했습니다. 하지만 인간은 위기의 순간에 인류애를 바탕으로 국경 없는 연합을 구성했습니다. 서로에게 겨누고 있던 총구를 내리고 함께 반항하기 시작했습니다. 그리고 지금껏 이룩해온 인류의 모든 지식을 집대성해 반항을 뛰어넘어 위대한 반격을 시작했습니다. 그렇게 코로나-19라는 부조리는 인류애 앞에 무릎 꿇었습니다. 절망을 뛰어넘은 인간들은 새로운 미래를 준비하고 있습니다. 알베르 카뮈는 《반항하는 인간》(1951)이라는 작품을 통해 이런 말을 했습니다.

"나는 반항한다. 고로 우리는 존재한다."
(Je me révolte, donc nous sommes)
- 알베르 카뮈, 《반항하는 인간》 중에서

미친 사람과 바보

세르반테스 《돈키호테》

주인공 '알론소 키하노'는 스페인 라만차 지방의 가난한 지주로 마른 체구의 50대 정도 되는 남성입니다. 그는 독서를 좋아합니다. 그렇지만 정도가 심합니다. 주로 읽는 장르는 고귀한 부인을 위해 기꺼이 위험을 감수하는 용감한 기사의 무용담이 담긴 로맨스 장르입니다. 식음을 전폐하고 기사 이야기에 심취해 있던 주인공은 어느 순간 이성과 현실감을 잃고 자신을 기사라고 믿기 시작했습니다.

그는 이내 방랑 기사가 되어 웅장한 모험을 하겠다는 계획을 세웁니다. 그리고 집안 대대로 전해 내려오는 낡은 갑옷을 입고, 자신에게 '돈키호테(Don Quixote)[23]'라는 그럴싸한 이름까지 붙였습니다. 돈키호테는 곧장 같은 동네에 사는 여성 한 명을 자신이 기사로서 마땅히 기사도를 발휘할 대상이라 정합니다. 그리고 그녀에게 '둘네시아 델 토보소[24]'라는 이름을 붙여주며 그녀를 마음에 품었습니다.

드디어 돈키호테는 마을을 떠나 방랑을 시작합니다. 그리고 늙고 비쩍 마른 '로시난테'라는 말을 타고 한 여인숙에 도착합니다. 그는 여인숙을

---

23 'Don'은 존칭이고, 'Quixote'가 이름이다. 그러므로 '돈키호테'가 아닌 '돈 키호테'라고 띄어서 표기하는 것이 맞다(이 책에서는 보편적으로 사용하는 단어인 '돈키호테'로 표기했다).

24 본명은 '알돈사 로렌소'이다. 델 토보소 마을에 사는 농부의 딸로 정작 본인은 '돈키호테'의 감정을 전혀 인식하지 못하고 있다.

성(castle), 여인숙 주인을 성주(castellan)라고 착각하고 있습니다. 돈키호테는 성주에게 성큼성큼 다가가 '정식 기사' 임명을 요청합니다. 이에 장난기가 발동한 성주(여인숙 주인)는 우스꽝스러운 기사 임명식을 치러줍니다.

이후 돈키호테는 더욱 당당한 모습으로 모험을 이어갑니다. 하지만 얼마 못 가 길에서 만난 장사꾼들에게 실컷 두들겨 맞고 마을로 돌아옵니다. 돈키호테를 맞이한 마을 친구들은 그의 이성을 완전히 앗아가 버린 책들을 모조리 불태우면 정신을 차릴 것이라는 해결 방법까지 만들어가며 그를 도우려 합니다. 하지만 이미 돈키호테는 두 번째 모험을 준비하고 있었습니다.

두 번째 모험에는 하인을 대동할 계획입니다. 돈키호테는 마을 주민 중에서 자신의 하인으로 적당한 인물을 찾다가 평범한 농부인 '산초 판사'를 발견해 설득하기 시작합니다. 산초는 사람은 좋은데 뭔가 약간 부족해 보이는 인물입니다. 돈키호테는 성을 점령해 산초를 그곳의 영주로 임명하겠다는 약속을 했고, 산초는 그의 하인이 되어 함께 모험을 떠납니다.

함께 모험을 시작한 두 사람은 다양한 일을 겪습니다. 이 과정에서 산초는 무조건 이상을 향해 앞으로만 달려가는 '돈키호테'의 행동에 전혀 의문을 제기하지 않고, 오직 하인 역할만 충실하게 수행합니다. 이런 산초의 모습은 인간과 삶, 사회, 이념, 사랑 등을 비롯한 광범위한 것들을 생각해 볼 재료가 되기도 합니다. 두 사람의 다양한 모험 중 가장 널리 알려진 에피소드인 '풍차 이야기'를 소개하겠습니다.

시골길을 지나던 돈키호테는 서른 명도 넘는 거인들이 모여 거대한 팔을 휘두르는 장면을 목격했습니다. 돈키호테는 이 위험스럽기 짝이 없는 거인들을 물리치는 것이 자신의 용기를 증명하는 것으로 생각합니다. 그리하여 말에 박차를 가해 돌진했고, 때마침 세차게 불어온 바람 덕에 거인들에게 말려들었다가 반대편으로 내동댕이쳐지고 말았습니다. 그렇습니다. 이는 거인들이 아닌 풍차였던 것입니다. 돈키호테는 이 일로 인해 온몸에 상처를 입었습니다. 하지만 그는 모험을 멈추지 않았습니다.

이후로도 물레방아 소리를 유령으로 착각한 사건, 호송 중인 죄수들을 풀어주고는 오히려 그들에게 얻어맞은 사건, 이발사의 놋대야를 황금 투구로 착각해 싸움을 벌이는 등 기발한 모험은 계속됩니다. 그러던 중 돈키호테는 그의 기행을 걱정하던 고향 친구들에 의해 다시 마을로 돌아오게 됩니다. 여기까지가 《돈키호테》 전편의 이야기입니다.

스페인의 국민 작가인 세르반테스는 1547년에 스페인의 몰락한 이달고[25] 집안에서 태어났습니다. 할아버지는 종교재판소의 변호사였고, 아버지는 외과의사 겸 이발사라는 직업을 가지고 있었습니다.[26] 아버지는 재산을 몰수당하고 투옥되어 경제적으로 부족함이 많은 인물이었고, 세르반테스의 가족들은 스페인의 여러 곳을 떠돌며 지냈습니다. 이 때문에 그의 유년

---

25 문학 속에서 '이달고'는 흔히 물려받은 유산은 없지만, 여전히 귀족이라는 긍지를 갖고 있는 몰락한 귀족으로 그려진다.

26 당시에는 변호사와 의사에 대한 사회적 인식이 오늘날과는 전혀 달랐기 때문에 보수는 적고 사회적으로 멸시를 받는 직종이었다.

기에 대해 알려진 사실은 많지 않습니다.

이후 1569년에 이탈리아 로마에서 지내던 그는 나폴리에 주둔하던 스페인 해군에 입대했습니다. 하지만 내부 규율을 위반했다는 이유로 추방당했고 이탈리아에서 지내며 문학 활동을 시작했습니다.

2년 후 세르반테스는 레판토해전[27]에 참전했다가 총상으로 왼손을 잃었고, 귀국길에 해적을 만나 포로가 되어 가족들의 도움으로 겨우 석방되었습니다. 그리고 그는 고향으로 돌아와 첫 번째 소설인 《라 갈라테아》(1585)를 발표했지만 인기를 얻지 못했습니다. 결국 생계를 위해 포르투갈로 건너간 그는 얼마 후 고국으로 돌아오는 길에 또다시 해적을 만나 포로가 되었고 알제리에서 노예 생활[28]을 하게 됩니다.

5년 정도가 지나 스페인 마드리드에 있는 '트리니타리아스 수녀원'의 도움으로 풀려나 고향으로 돌아온 그는 몇 차례 더 감옥살이를 했습니다. 그 시기에 감옥에서 구상한 작품이 《돈키호테》라고 알려져 있습니다. 첫 작품인 《라 갈라테아》를 내고 20년을 넘겨 발표한 《돈키호테》는 엄청난 인기를 얻어 베스트셀러가 되었습니다.

그렇지만 정작 세르반테스는 빚 때문에 저작권[29] 대부분을 이미 팔아넘긴 상태였기에 큰돈을 벌어들이지는 못했습니다. 게다가 그가 받은 특허가 특정 지역에만 유효한 특허였기 때문에 수많은 돈키호테 해적판이 등장하기

---

27 1571년에 그리스의 레판토 항구 앞바다에서 에스파냐, 베네치아, 로마 교황의 기독교 연합 함대가 오스만제국의 함대와 싸워서 크게 이긴 싸움이다. 오스만제국의 팽창을 저지했다는 평가를 받는다.

28 《돈키호테》의 내용 중 '사아베드라'라는 전쟁 포로가 등장하는 부분은 작가 자신의 이야기를 담은 것으로 해석한다. 참고로 작가의 풀 네임은 '미겔 데 세르반테스 사아베드라'이다.

29 세르반테스는 수십여 편의 소설과 희곡을 발표했지만, 가난으로 인해 저작권을 모두 헐값에 넘겼기 때문에 현재까지 전해지는 작품은 많지 않다.

시작했습니다. 이를 보다 못한 세르반테스는 《돈키호테》를 발표한 후 10년이 지나 정식 후속편[30]을 발표했고, 이듬해에 68세의 나이로 세상을 떠났습니다.

세르반테스는 당대 거의 모든 문학 장르를 다룬 작가였습니다. 그는 16세기 후반에 비잔틴 소설, 목가소설, 피카레스크소설 등의 장르를 발전시켰다는 평가를 받습니다. 특히 《돈키호테》는 세르반테스의 대표작으로 인정받는 작품이자 최초의 근대 소설입니다. 이 작품은 근대 이후의 스페인어 자체를 세르반테스의 언어(La lengua de Cervantes)라고 부르게 만들었습니다. 덕분에 세르반테스는 서양 역사상 가장 위대한 작가 중 한 명이자 스페인어 문학사에서 가장 위대한 인물이라 평가받게 되었습니다.

희극 안에 담긴 비극

주인공이 모험을 떠나 다시 고향으로 돌아오기까지의 에피소드를 담은 《돈키호테》 전편은 대성공을 거두었습니다. 하지만 정작 작가인 세르반테스는 큰돈을 벌어들이지 못했습니다. 게다가 다른 지역에서 《돈키호테》 후편이라 주장하는 해적판이 등장해도 작가는 보호받을 수도 없었습니다. 이렇게 등장한 후편 해적판은 고삐 풀린 말처럼 이야기가 엉뚱하게 흘러 갔습니다. 돈키호테가 신대륙으로 넘어갔다는 이야기까지 만들어졌습니

---

30 돈키호테가 죽음을 맞이한 결말과 관련해서 세르반테스가 더는 누군가가 자신의 소설을 도용하지 못하도록 확실히 선을 그었다는 의견이 있다.

다. 결국, 전편 출간 10년 후에 원작자 세르반테스가 정식 후속편을 발표하기에 이르렀습니다.

《돈키호테》후편은 전편과 완전히 다른 방향에서 인물을 바라봅니다. 후편의 돈키호테는 여기저기서 자신의 모험담, 즉《돈키호테》전편을 읽은 사람들을 만나게 됩니다. 실제와 가상의 경계를 무너뜨린 설정입니다. 이미 유명 인사가 된 돈키호테와 산초가 자신들의 이야기가 담긴《돈키호테》전편을 읽는 장면도 등장하고, 해적판《돈키호테》를 읽고 그에 관해 이야기 나누는 장면도 등장합니다. 이런 특별한 구성을 가진 원작자의 독보적인《돈키호테》후편은 전작 이상으로 높은 평가를 받았습니다.

액자식 구성이 어떤 것인지 경험하고 싶은 분이라면《돈키호테》후편을 추천합니다. 액자 안에 있던 인물이 밖으로 나와 그 액자를 들여다보는 모습을 다시 액자에 담은 독특한 구성을 경험할 수 있습니다. 게다가 무려 16세기에 이러한 구성을 만들었다는 것을 고려하면《돈키호테》후편의 가치는 더욱 높아집니다.

전편에서 두 번의 모험을 마친 돈키호테는 산초와 함께 세 번째 모험을 시작합니다. 이번에도 어김없이 크고 작은 소동이 벌어지는데요. 그중 중심이 되는 이야기를 두 가지로 요약할 수 있습니다.

첫 번째는 어느 공작의 집에 초대받아 기사로서 정중한 대접을 받는 이야기입니다. 돈키호테는 정중한 대접을 받는 상황에 마음에 들떴습니다.

하지만 이것은 공작의 장난이었습니다. 전편에서 여인숙 주인이 기사 임명식을 해준 상황처럼 장난에 불과했던 것이죠. 이에 돈키호테는 낙담했습니다.

두 번째 중심 이야기는 돈키호테의 죽음입니다. 산초와 함께 출발한 세 번째 모험도 지난 모험과 마찬가지로 고향 친구들에 의해 멈추게 됩니다. 하지만 고향으로 돌아가는 돈키호테의 모습은 지난 두 번의 모험과 다릅니다. 기사로 활동하며 엉뚱한 일을 벌이던 모습은 사라졌고, 평범했던 과거의 모습으로 돌아가 있던 것입니다.

그렇게 마을에 도착한 돈키호테는 얼마 후 건강 악화로 병상에 눕게 됩니다. 그리고 자신의 유산을 가족들과 산초에게 나누어 주고, 담담한 모습으로 죽음을 맞이합니다. 돈키호테는 마지막 순간을 두려워하지 않았습니다. 그저 체념한 듯 쓸쓸히 눈을 감았을 뿐입니다.

세르반테스가 《돈키호테》 전편을 쓸 때까지는 주인공의 죽음을 계획하지 않았다는 이야기가 있습니다. 그런데 전편 발표 후에 10여 년의 시간 동안 해적판 속에서 계속 모험을 하는 주인공을 쉽게 해줄 유일한 방법은 죽음뿐이었다고 생각한 모양입니다.

이 소설을 읽다 보면 주인공 알론소 키하노가 기사라는 착각에 빠지기 전까지는 꽤 덕망이 있는 인물이 아니었을까 하는 생각이 듭니다. 그가 실성해서 돌아다니는데도 이웃들과 친구들이 진심으로 걱정하며 큰 사고가 생기지 않도록 몇 번이고 그를 도와주기 때문입니다. 작품에는 주인공의 과거가 서술되어 있지 않지만, 그의 지난날이 나쁘지 않았을 것이라는 상상을 하게 됩니다.

하지만 작품 속 돈키호테는 계속해서 이해할 수 없는 행동을 합니다. 사소한 일에 목숨까지 거는 미친 사람이라 해도 과언이 아닐 정도입니다. 그렇지만 현실적인 판단이나 다수의 판단을 배제하고, 돈키호테라는 인간만을 본다면 그가 지닌 정의감과 신념을 발견할 수 있습니다.

영원한 파트너인 산초도 마찬가지입니다. 바보로 보이는 인물이지만 자세히 들여다보면 어떠한 시련에도 굴하지 않고 자신이 신뢰하는 인물인 돈키호테에게 영원한 지지를 보내는 인물이라는 것을 알 수 있습니다.

하지만 여기서 한발 물러서 이들을 세상의 시선으로 보면 미친 사람과 바보의 컬래버레이션, 그 이상도 이하도 아닙니다. 그래서 한 번쯤은 상대방을 깊이 들여다볼 필요가 있는 것입니다. 인간이라면 누구나 자신만의 이야기가 있습니다. 그 이야기를 모두 알 방법은 없지만 적어도 단편적인 모습만으로 상대방을 함부로 정의해서는 안 됩니다. 20세기 대중문화를 상징하는 전설적인 인물인 찰리 채플린(Charles Chaplin)[31]은 이런 말을 했습니다.

"삶은 가까이서 보면 비극, 멀리서 보면 희극"

(Life is a tragedy when seen in close-up, but a comedy in long-shot)

---

31 찰스 스펜서 채플린(Charles Spencer Chaplin, 1889~1977): 영국의 배우, 코미디언, 영화감독, 음악가

다른 사람의 인생이 우스워 보이고, 멍청해 보인다면 더 기울기 전에 수평을 찾아야 합니다. 아무 생각 없어 보이는 사람이라고 해도 스스로는 치열하게 살고 있습니다. 그들 중에 우리도 포함되어 있습니다. 돈키호테와 산초는 누가 뭐라 해도 서로에 대한 신뢰를 놓지 않았습니다. 겉보기에 우스워 보였을지언정 스스로에게는 충분히 가치 있는 삶을 살았고, 어떠한 유혹에도 흔들리지 않는 삶을 살았습니다.

소설 《이방인》과 《돈키호테》를 통해 나만의 질서에는 동심이라는 판단 기준이 반드시 필요하다는 것, 그리고 우리가 이해할 수 없다고 생각하는 사람들의 행동에도 자신의 판단이 존재한다는 것을 알아보았습니다. 시선이 평등해지는 것은 이해할 수 없는 인간의 행동에도 이유가 있음을 받아들이는 것입니다.

그것을 받아들였다면 이제부터는 버려야 합니다. 내가 이해할 수 없는 인간과 나를 이해하지 못하는 인간이 공존하는 세상의 모양이 새로운 모양으로 변할 때까지 버티는 것입니다. 이기적 평등을 통해 수평을 찾은 상태라면 버티는 것은 어렵지 않습니다. 언젠가는 변화한 나의 모습을 통해 타인이 변화의 필요성을 느끼는 시기가 올 것입니다.

그렇지만 분명 어려움이 많을 것입니다. 예를 들어 미디어에 주차 빌런의 모습이 등장할 때 함께 있는 사람들은 "왜 저래?", "미친 거 아니야?"라고 험담하는데 "아니야, 분명 이유가 있을 거야"라며 마치 성자처럼 버티는 것도 어색할 것입니다. 또 직장에서 함부로 행동하는 상사를 욕하는 자리에 함께하면서도 혼자서만 "아니야, 분명 이유가 있을 거야"라고 도 닦는 사람 같은 모습을 보이는 것도 어색할 것입니다.

어쩌면 그런 모습으로 인해 내가 비난의 대상이 될 수도 있습니다. 반드시 그렇게 유난스러운 행동을 하라는 것이 아닙니다. 우리가 나누는 아이디어는 어디까지나 마인드에 관한 것입니다. 함께 험담해도 좋습니다. 함께 욕해도 좋습니다. 다만, 그 행동에 마인드가 매몰되지는 않아야 합니다. 매몰되는 순간 그것이 스트레스로 변해 자신을 공격할 것이기 때문입니다.

이기적 평등을 통한다면 매몰될 일은 발생하지 않습니다. 그저 달라진 세상을 즐기며 내가 옳다고 생각하는 행동만 하게 될 테니까요. 타인에게 변화를 강요할 필요도 없습니다. 변해있는 내 모습을 보고 따라올 사람은 알아서 따라옵니다. 그 판단도 모두 각자의 몫입니다.

작가는 왜 '기사'를 풍자했을까요?

《돈키호테》가 발표된 당시는 십자군전쟁 이후 중세 봉건사회가 붕괴하던 시기입니다. 중세 봉건사회에는 최상위층인 왕족이 있었지만, 그들보다 더 직접적으로 농민들에게 영향력을 행사할 수 있는 계급인 영주가 실질적인 중요 계급으로 인정받았습니다. 영주들은 더 큰 권력을 얻기 위해 서로의 영토를 빼앗으려 끊임없는 싸움을 벌였습니다. 그리고 이 전투에서 중심이 되는 인물이 기사였습니다.

하지만 중세 후기에 이르러서는 기사 중심의 전투가 보병 중심의 전투 방식으로 변화했습니다. 기사는 사실상 필요 없는 존재로 전락했습니다. 대신 새롭게 등장한 계급인 상인이 산업혁명 이후에 새로운 권력자로 부상하며 기존 권력과 충돌해 변화를 요구했습니다. 이 때문에 기사의 위상은 더욱 아래로 떨어졌습니다.

그런데도 기사들은 시대의 변화를 받아들이지 않고 여전히 귀족이자 특권층의 권리만 내세울 뿐이었습니다. 이에 영주나 기사를 비롯한 지배층에 대한 국민의 반감은 더욱 커졌습니다. 소설 《돈키호테》는 이러한 시기에 등장해 기사를 풍자하며 국민의 가려운 곳을 정확히 긁어 줌으로써 상당한 인기를 얻었습니다.

소설에서 쓸데없이 기사 노릇을 하며 평화로운 마을을 돌아다니는 우스꽝스러운 인물은 당시 반감의 대상이었던 기사를 풍자한 것입니다. 나아가더는 기사가 필요 없다는 강렬한 메시지를 전하고 있는 것입니다. 이후 계급사회인 중세 봉건사회는 붕괴하고 계급이 존재하지 않는 근대 자본주의 사회로 이어졌습니다.

#신념
굳은 신념으로 버티기

신념은 어떤 사실이나 내용 등을 굳게 믿는 것입니다. 우리가 믿어야 할 것은 스스로 내린 판단입니다. 나만의 질서에 동심이라는 판단 기준이 없으면 아집, 자아도취가 만들어집니다. 반대로 동심을 기준으로 설정한 나만의 질서에 신념이 더해지면 어떤 장애물이나 방해가 있어도 그것을 오래도록 유지하고 버틸 수 있게 됩니다. 소설《바람과 함께 사라지다》를 통해 불굴의 의지로 버틴 두 여성, 스칼렛 오하라와 마거릿 미첼의 이야기를 알아보겠습니다.

버티기 전문가, 스칼렛

마거릿 미첼《바람과 함께 사라지다》

《바람과 함께 사라지다》는 미국의 작가인 마거릿 미첼(Margaret Mitchell, 1900~1949)이 1936년에 쓴 작품입니다. 미국 역사에서 사회적, 경제적으로 격동기였던 남북전쟁 전, 후 시기의 남부를 배경으로 끊임없는 시련에도 좌절하지 않고 '버티는' 주인공의 발자취를 따라가는 이야기입니다. 앞서 다룬 작품인《앵무새 죽이기》와 시간과 공간이 겹치는 부분이 많은 작품이기 때문에 두 작품을 모두 읽고 내용을 연결해보는 것도 또 하나의 재미가 될 수 있습니다.

주인공 '스칼렛 오하라'는 아름다운 외모를 가진 16세 여성입니다. 하지만 부잣집에서 태어나 공주처럼 대접받으며 자라 아직은 철부지 어린아이에 불과합니다. 그녀는 지적인 것에는 관심이 없습니다. 파티, 미모, 옷, 남자에게만 관심을 두는 도도한 여성입니다.

"내 앞에서 골치 아픈 얘기하면 안 만나준다!"

스칼렛의 아버지는 '제럴드 오하라'입니다. 대농장인 '타라'를 운영하고 있습니다. 젊은 시절에 유럽에서 살인을 저지르고 맨몸으로 미국으로 도망쳐와, 인디언들을 몰아내고 대농장을 건설한 인물입니다.

그리고 또 한 명의 주인공인 이웃 농장의 아들, '애슐리'가 있습니다. 큰 키에, 매력적인 눈빛, 반듯한 예절까지 갖춘 그는 독서, 음악 감상 등 지적인 취미를 가진 인물입니다. 그런데 스칼렛은 자신과 정반대 취향을 가진 애슐리를 마음에 두고 있습니다. 하지만 겉으로 감정을 드러내지는 않았습니다.

그러던 어느 날, 애슐리가 '멜라니'라는 여성과 약혼을 했다는 소식이 들려옵니다. 하지만 스칼렛은 당황하지 않습니다. 그래 봐야 자신이 애슐리에게 고백하는 순간, 약혼은 없던 일이 될 것으로 생각했죠. 결국 스칼렛은 결혼할 사람이 있는 애슐리에게 당당하게 고백합니다.

하지만 애슐리는 스칼렛의 고백을 정중하게 거절합니다. "스칼렛, 나도 당신을 좋아해요. 하지만 결혼이라는 것은 그것만으로는 부족해요. 수준이 비슷한 멜라니와 결혼할 겁니다." 천하의 스칼렛 오하라가 남자에게 거절당하는 치욕적인 순간입니다. 그때 근처에서 두 사람의 모습을 우연히 엿보게 된 30대 남성 '레트 버틀러'가 등장합니다. "친애하는 오하라 아가씨, 감탄할 정도로 활기가 넘치는 당신에게 경의를 표합니다." 레트의 빈정거림에 스칼렛은 치욕감을 느꼈습니다.

얼마 후 스칼렛은 애슐리와 결혼하게 된 멜라니의 오빠 '찰스'와의 결혼을 발표합니다. 그동안 수많은 남자의 청혼을 거절했던 스칼렛이 홧김에 자신에게 구애한 적도 없는 남자와 사랑 없는 결혼을 발표한 것입니다.

결혼 후 스칼렛은 임신을 했고, 남편은 남북전쟁에 참전하기 위해 전쟁터로 떠났습니다. 그렇게 애틀랜타에서 홀로 아들을 낳은 스칼렛은 남편의 전사 소식을 듣게 됩니다. 전쟁은 북군에게 유리하게 흘러갔고, 결국 북군은 스칼렛이 있는 지역을 포위해버립니다. 그때 레트 버틀러가 나타나 스칼렛이 무사히 고향으로 돌아갈 수 있게 도움을 줍니다. 앞서 스칼렛이 애슐리에게 고백을 거절당했을 때 빈정거렸던 그 남자입니다. 레트는 다른 남자들처럼 전쟁에 참전하지 않고, 영리하게 전쟁 물자 판매에 뛰어들어 부를 축적하고 있었습니다.

전쟁으로 이미 황무지로 변해버린 집에 도착한 스칼렛은 정신이상 증세를 보이는 아버지를 만났습니다. 이제 허영심 가득하던 철부지 아가씨가 굶주리는 대가족을 먹여 살려야 하는 상황에 부닥쳤습니다. 이때부터 스칼렛은 그동안 보여줬던 철부지 공주님의 이미지를 벗어버리고 가족과 자신의 생존을 위해 무엇이든 짊어지고 버티는 악착같은 모습을 보여주기 시작합니다. 직접 일터에 나갔고, 힘든 일과 천한 일도 마다하지 않으며 수단과 방법을 가리지 않고 돈을 모으기 시작합니다.

그 과정에서 스칼렛은 동생의 약혼자를 가로채 재혼을 합니다. 상대는 '프랭크'라는 인물로 장사를 통해 많은 재산을 모은 인물입니다. 그래서 그와 결혼한 것입니다. 재산이 많기 때문입니다. 또 스칼렛은 적군인 북부 사람들과 손을 잡기도 하고, 공장을 운영하는 인건비 절약을 위해 죄수들의 값싼 노동력을 이용하기까지 하는 억척스러움을 발휘합니다.

시간이 흘러 스칼렛을 27세가 되었습니다. 여전히 열심히 대가족을 먹여 살리던 어느 날, 남편 프랭크가 어떠한 사건으로 인해 사망합니다.

다시 과부가 된 스칼렛은 세 번째 결혼을 합니다. 상대는 오래전부터 그녀의 곁을 맴돌던 돈 많은 남자, 레트 버틀러입니다. 스칼렛과 성격도 비슷하고 잘 맞습니다. 하지만 스칼렛에게 해결되지 않은 문제가 있습니다. 그녀가 아직도 애슐리를 마음에 두고 있다는 것입니다. 이로 인해 레트와는 끊임없는 불화를 겪습니다.

그러던 중에 또 사고가 터집니다. 딸이 사고로 죽었습니다. 계속되는 불화로 힘들어하던 남편 레트는 딸의 사망을 계기로 스칼렛과 갈라서기를 결심합니다. 그리고 또 한 명이 세상을 떠납니다. 바로 애슐리와 결혼한 멜라니입니다. 스칼렛은 죽음을 앞둔 멜라니 곁에 있는 애슐리가 진심으로 괴로워하는 모습을 봅니다. 그 모습을 본 스칼렛은 뒤늦게 각성합니다. 애슐리는 지금껏 한 번도 자신을 사랑한 적이 없었다는 것, 진짜 자신을 사랑한 것은 레트라는 것을 깨달았습니다.

하지만 이미 레트는 이별을 선언한 상황입니다. 스칼렛은 레트의 마음을 돌리려 했지만, 레트는 떠나버립니다. 스칼렛의 삶은 지금껏 견디기 힘든 일의 연속이었습니다. 계속되는 남편의 죽음, 집안의 몰락, 사업의 실패. 그리고 이제 자신을 사랑해준 사람까지 떠나 혼자가 되었습니다. 그렇지만 스칼렛은 주저앉지 않습니다. 어떠한 고난과 역경에도 그녀는 버틸 것을 맹세합니다.

"내일 일은 내일 생각하겠어. 내일은 내일의 태양이 떠오를 테니까."

소설 《바람과 함께 사라지다》는 흑인들의 생존권 투쟁을 진압한 백인들의 잘못을 정당화하며, 남부 대농장에서의 삶을 이상적인 전원 사회로 묘사한 작품이라는 비판을 받기도 했습니다. 이 또한 제1장 부록의 '고전문학 쉽게 읽는 방법'에서 설명한 방법대로 작품 전체를 직접 읽은 후, 자신만의 해석에 도달하시라는 조언을 드리는 것으로 정리하겠습니다.

작품의 주인공인 스칼렛 오하라는 자뻑[32]에 빠진 부잣집 공주님입니다. 그저 외모가 아름다울 뿐 진지하지도 않고, 입만 벌리면 거짓말이 자동으로 튀어나오고, 이기적이고, 고집쟁이, 변덕쟁이입니다. 이 작품이 발표될 당시에 이런 인물이 작품의 주인공으로 등장한다는 것은 상당히 파격적인 시도였습니다. 그런데도 작가는 과감히 그녀를 주인공으로 만들었습니다.

하지만 작품을 읽고 나면 스칼렛 오하라가 다르게 보입니다. 철부지 공주님이었지만 막상 집안이 망하고 자신이 가족을 책임져야 할 상황이 되자 악바리로 변해 모두를 먹여 살립니다. 물론 정당하지 못한 방법을 사용하기도 합니다. 하지만 어떤 모습이었건 모든 것을 해냈다는 사실이 변하지는 않습니다. 가까운 사람들이 죽고 레트까지 떠났음에도 마지막 명대사를 읊으며 불굴의 의지를 표현하죠. 작가는 스칼렛 오하라를 통해 불굴의 인간 정신을 표현했습니다.

---

32 '自(스스로 자)'와 강렬한 자극으로 정신을 못 차린다는 의미의 속어인 '뻑'이 합성된 단어. '자기에게 뻑 갔다'의 약자로 쓰기도 한다.

작품 초반에 스칼렛과 레트는 부정적인 이미지로 등장합니다. 반대로 지적이고 진지한 애슐리와 멜라니 등은 긍정적인 이미지로 등장합니다. 하지만 황무지가 된 고향에 돌아온 이후로 두 그룹의 이미지는 바뀝니다. 현실 앞에 당당히 맞서 앞으로 나아가는 스칼렛과 그녀에게 빌붙어 사는 무능한 인물의 구도가 만들어지는 것입니다. 또한 작품 속 대표적인 성공 캐릭터들은 모두 도덕성이 결여되어 있습니다. 살인을 하고 도망 온 곳에서 도박으로 농장을 얻은 제럴드 오하라, 죄수들의 노동력을 착취해 공장을 운영하고 사업을 위해 동생의 남자까지 빼앗아 결혼한 스칼렛 오하라, 진영을 가리지 않고 양쪽 모두로부터 돈을 벌어들이며 전쟁을 돈벌이로 이용한 레트 버틀러까지 하나같이 도덕적이지 않지만 사회적으로는 성공한 인물입니다. 작가는 이런 전례 없는 독특한 주인공을 통해 인간 유형에 대해 조금은 다른 관점을 제시합니다. 이는 우리가 이야기하고 있는 옳고 그름은 없다. 정해진 것은 없다는 메시지와 연결해 생각하기에 좋은 구성입니다.

그녀만의 질서

《바람과 함께 사라지다》는 엄청난 판매량을 기록한 작품입니다. 출간 6개월 만에 100만 부 판매, 30여 개 국가에 10여 개 언어로 번역 출간, 출간 1년 만에 150만 부 판매, 퓰리처상과 미국 도서 판매 협회상 수상,

현재까지 3,000만 부 이상 판매 등의 대기록을 달성했습니다.

여기에 더해 소설을 원작으로 제작된 동명의 영화가 제12회 아카데미 시상식을 휩쓸기까지 했습니다. 이렇게나 대단한 작품의 탄생 배경에는 작가 마거릿 미첼만의 질서가 존재합니다. 독서광이라는 별명이 붙을 정도로 많은 책을 읽고, 자신이 원하는 환경에서 원하는 방식으로 집필한 것입니다.

마거릿 미첼은 1900년에 미국 남부 조지아주에서 태어났습니다. 변호사인 아버지와 여성 참정권 운동가인 어머니로부터 미국 남부의 역사와 남북전쟁 시기의 일화를 들으며 성장했습니다. 14살 때부터 문학 관련 활동을 시작한 그녀는 자신이 집필한 연애소설을 남자친구에게 헌정하기도 했습니다.

그녀는 성인이 되어 애틀랜타에 있는 워싱턴 신학대학교를 졸업했고, 이후 명문 여자 대학인 스미스 대학에 입학해 의학을 공부했습니다. 그사이 육군 중위와 약혼했지만 안타깝게도 약혼자가 제1차 세계대전에 참전해 사망하는 바람에 결혼은 무산되었습니다. 그즈음 어머니마저 세상을 떠나자 그녀는 학업을 중단하고 고향으로 돌아왔습니다.

얼마 후 아버지의 권유에 따라 사교계 인사들과 어울리기 시작해 명문가의 자제를 만나 결혼했습니다. 하지만 남편의 가정폭력으로 인해 결혼 생활은 오래가지 못했고, 5년여의 별거를 거쳐 이혼했습니다. 이후 애틀랜타 저널이라는 신문사에 취직해 언론인으로 일하며 직장 동료와 결혼했습니다.

이후에는 어릴 때부터 가지고 있던 발목 부상이 악화되어 직장을 그만
두고 전업주부로 살아가게 됩니다. 다행히 그녀의 남편은 가정적이고 자
상한 인물이었습니다. 남편은 다리가 불편한 아내를 대신해 집 근처 도서
관[33]에서 책을 빌려다 주었고, 그녀는 대부분 책을 읽으며 지냈습니다.

하지만 너무 많은 책을 읽은 나머지 도서관에서 더는 빌려올 책이 없는
상태에 이르렀습니다. 이에 마거릿 미첼은 '직접 이야기를 써보자'라는 남
편의 제안을 받아들여 3년간 집필에 몰두한 끝에 《바람과 함께 사라지다》
를 완성했습니다. 결국, 마거릿 미첼은 이 책으로 세계적인 명성을 얻습
니다.

마거릿 미첼은 의사, 명문가 자제와의 결혼, 언론인이라는 꿈을 꾸었지
만 이는 약혼, 결혼, 이혼, 부상이라는 시련을 겪으며 무너졌습니다. 그렇
지만 마거릿 미첼은 좌절하지 않고 새로운 길을 개척했습니다. 작품 속 스
칼렛 오하라는 《바람과 함께 사라지다》가 성공하기 전에 만들어진 인물입
니다. 마거릿 미첼은 스칼렛 오하라라는 분신을 통해 끊임없는 시련에도
좌절하지 않고 버티겠다는 자신의 의지를 표현했습니다.

《바람과 함께 사라지다》의 집필 기간은 10년으로 알려져 있습니다. 이
기간은 3년간 집필한 작품을 개작하고 출간하기까지의 기간을 포함한 것입
니다. 처음에는 출간 계획 없이 오직 남편에게 보여줄 생각으로 작품을 완

---

33 애틀랜타–풀턴 중앙도서관(One Margaret Mitchell Square, Atlanta, GA 30303 미국)

성했습니다. 하지만 기자 출신 여성 작가가 재미있는 소설을 썼다는 소문을 들고 찾아온 출판 관계자의 제안을 받아들여 7년여 기간 동안 개작을 진행했고, 집필을 시작한 지 10년 만인 1936년에 정식으로 출간되었습니다.

우리는 《바람과 함께 사라지다》의 집필 과정을 통해 마거릿 미첼, 그녀만의 질서를 엿볼 수 있습니다. 그녀는 확실한 자신만의 스타일을 지키면서 글을 썼습니다. 가장 눈에 띄는 특징이라면 결론부터 완성하고 거꾸로 이야기를 만들었다는 것입니다.

게다가 하나의 챕터를 완성하면 원고를 봉투에 담아 집안 곳곳에 숨겨놓기까지 했습니다. 《바람과 함께 사라지다》의 분량은 초판 기준 1,037페이지입니다. 완성본의 분량이 이렇다면 집필하는 동안 만들어진 원고량은 훨씬 더 많을 수밖에 없습니다. 이렇게나 많은 원고를 거실, 소파 밑, 침대 밑, 옷장 등 집안 곳곳에 숨겨놓고, 원고에 순서도 표시하지 않았다고 합니다. 작가 스스로 자신의 집[34]을 쓰레기장이라 불렀다고 하니 얼마나 뒤죽박죽이었을지 상상됩니다.

바로 이것이 '그녀만의 질서'입니다. 타인의 시선에는 이해할 수 없는 행동으로 보일지언정, 자신이 원하는 방식으로 글을 썼으며, 출간 전 원고 유출을 방지한다는 이유로 스스로 집안을 쓰레기장으로 만드는 방법을 사용한 것입니다. 그녀만의 질서가 자신의 개성을 작품에 그대로 옮길 수 있도록 힘을 보탠 것입니다.

---

34 미국 조지아주 크레센트 애비뉴(Crescent Avenue) 979번지 1층

지금 당신의 공간은 어떻습니까? 당신의 공간에 대해 누군가 좋다 또는 나쁘다고 이야기하면 그것을 쉽게 받아들일 수 있나요? 그곳은 당신의 개성이 표현된 곳입니다. 집은 이런 모습이어야 한다, 작업 공간은 이런 모습이어야 한다고 정해진 것은 없습니다. 내가 생각하는 것이 옳다면 타인이 생각하는 것도 옳습니다.

　상대방에게 어떤 이야기가 있는지도 모르면서 함부로 상대방의 공간, 상대방의 개성을 평가하면 안 됩니다. 마거릿 미첼도 분명 그렇게 쓰면 안 된다, 정리 좀 해라는 이야기를 많이 들었을 것입니다. 그래도 버텼습니다. 매번 꿈이 좌절되었음에도 버텼습니다. 그녀만의 질서가 아니었다면 우리는 스칼렛 오하라를 만나지 못했을 것입니다.

소설의 주제는 생존이다.
재난을 만나도 쉽게 지나가는 사람이 있는가 하면,
능력 있고 강하고 용감한데도 굴복하고 마는 사람이 있다.
모든 격변에서 그렇다. 살아남거나 그렇지 못하거나.
의기양양하게 살아남은 사람들에게는 있고
그렇지 못한 사람들에게는 없는 특징이란 무엇일까?
나는 살아남은 사람들이 말하는 '불굴의 정신'이 무엇인지 알 뿐이다.
그래서 불굴의 정신을 지닌 사람들과
그렇지 못한 사람들에 대한 이야기를 썼다.
– 마거릿 미첼

비슷해서 헷갈려요!
마거릿 미첼과 하퍼 리

	마거릿 미첼	하퍼 리
생애	1900년~1949년	1926년~2016년
국적	미국	미국
아버지 직업	변호사	변호사
대표작	《바람과 함께 사라지다》	《앵무새 죽이기》
작품 배경	남북전쟁 전후의 미국 남부	남북전쟁 후의 미국 남부
수식어	20세기 가장 많이 팔린 책	성경 다음으로 가장 많이 팔린 책
수상	퓰리처상(1937년)	퓰리처상(1961년)

세계 3대 문학상 이야기

상 받은 작품 = 재미없다

국내외 문학상 수상작이라고 하면 어떤 생각이 떠오릅니까? 아마도 '재미없다'일 것입니다. 이는 영화도 마찬가지입니다. '상 받은 영화는 재미없다' 스티븐 스필버그 감독의 역작이라고 불리는 《쉰들러 리스트》라는 영화가 있습니다. 흑백 영화로 러닝타임이 3시간이 넘는데요. 수상 내역도 화려합니다. 그렇지만 대중이 열광하는 작품이라고 말하기는 어렵습니다. 영화를 보다가 잠들었다는 사람을 주변에서 어렵지 않게 만날 수 있습니다(제가 그랬습니다).

반면, 세계적으로 엄청난 티켓 파워를 보여준 프랜차이즈 영화 《어벤져스)는 인기에 비하면 초라한 수상 내역을 가지고 있습니다. 왜일까요? 이는 상을 주는 주최 측이 정해놓은 기준에 영화가 부합하는지를 판단하기 때문입니다. 이런 상황에서 수상 내역과 재미가 비례하는 경우는 찾기 쉽지 않습니다. 그렇지만 영화건 문학이건 상 받은 작품들을 자세히 들여다보면 자극적이고 흥미롭지는 않을지언정 최악이라는 평가에 도달하지는 않습니다. 그 작품들은 마치 푹 끓인 사골처럼 깊은 무언가를 가지고 있기 때문입니다.

노벨문학상

매년 노벨문학상 수상자가 선정될 즈음이면 치열한 보도 경쟁이 벌어집니다. 또 수상자로 결정된 인물은 세계적으로 주목을 받게 되는데요. 노벨문학상은 스웨덴 한림원에서 운영하는 상입니다. "인류 발전에 지대한 기여를 한 사람들에게 상과 상금을 주세요"라는 알프레드 노벨(Alfred Nobel, 1833~1896)의 유언에 따라 재단을 만들어 1901년부터 시상하기 시작했습니다.

노벨문학상은 총 6개 부문으로 구분된 노벨상의 한 부문입니다. 지금까지 무려 3세기 동안 이어지고 있는 유구한 역사를 지닌 상으로 세계 3대 문학상 중 가장 유명한 상이라고 할 수 있습니다. 이 상은 일반적으로는 작가에게 수여하는 상입니다. 때때로 작가 개인의 작품 중 주목할 만한 특정

작품을 거론하기도 하지만 유언에 등장하는 기여라는 단어는 한 작가의 모든 작품을 의미하는 것으로 해석되기 때문에 작가에게 상을 수여합니다.

수상자 발표 시기는 매년 10월 초이고, 상금은 1,000만 스웨덴 크로네(약 17억 원)입니다. 노벨문학상은 세계 3대 문학상 중 가장 큰 주목을 받는 상이고, 시대의 흐름을 잘 타는 상입니다. 여기서 시대의 흐름을 잘 탄다는 말은 수상자 선정이 매우 정치적으로 흘러가던 시기도 있었다는 이야기입니다.

부커상

부커상의 주관사인 부커 그룹은 1835년 설립된 영국의 종합 물류 유통 회사입니다. 1964년에 문학 관련 사업에 참여한 것을 계기로 1968년부터 부커상을 시행하고 있습니다. 부커상은 해마다 영연방 국가에서 출판된 영문 소설 중에서 수상작을 선정합니다.

그렇다면 한글 소설인 천명관 작가의 《고래》, 한강 작가의 《채식주의자》, 정보라 작가의 《저주 토끼》가 부커상에 언급된 이유는 무엇일까요? 부커상 인터내셔널 부문이 존재하기 때문입니다. 부커상 인터내셔널은 영어가 아닌 언어로 쓰인 작품이 영어로 번역되어, 영국에서 판매 중인 작품을 대상으로 합니다. 우리나라 작가로는 한강 작가가 《채식주의자》라는 작품으로 부커상 인터내셔널 수상자로 선정된 바가 있습니다.

부커상이라는 이름보다 맨부커상이라는 이름이 익숙한 분도 있을 것입니다. 이는 스폰서 문제와 연결되는데요. 이는 부커 그룹이 부커상을 혼자 운영하기 부담스러워 재정지원을 받을 스폰서로 '맨'이라는 회사와 손을 잡았기 때문입니다. 이로써 2002년부터 2019년까지 상 이름 앞에 맨을 붙여 맨부커상이라 불렀던 것입니다. 그리고 스폰서 계약이 종료된 이후에는 다시 부커상으로 부릅니다. 부커상의 상금은 5만 파운드로 우리 돈 약 8,500만 원 정도입니다. 작가와 번역자에게 각각 2만 5,000파운드씩 나눠 수여하고, 후보작에는 1,000파운드를 수여합니다.

공쿠르상

프랑스에서 1903년부터 운영하는 상으로, 프랑스 문학상 중 최고로 인정받습니다. 그 해 최고의 작품, 가장 상상력이 풍부한 산문 작품을 쓴 작가에게 시상합니다. 총 4개 부문으로 나누어 시상하는데 공쿠르 첫 소설상, 공쿠르 단편소설 상, 공쿠르 시 상, 공쿠르 전기 상으로 구분됩니다.

이 상은 프랑스의 문학가 형제인 공쿠르 형제가 "앞으로 문학 발전에 기여해달라"라고 유언한 데서 시작되었습니다. 유언에서 출발했다는 점이 노벨상과 닮았지만, 상금 규모는 전혀 닮지 않았습니다. 노벨문학상의 상금이 우리 돈으로 약 17억 원 정도인 것에 비해 공쿠르상의 상금은 10유로, 우리 돈으로 약 1만 4,000원이기 때문입니다. 치킨 한 마리 사먹기도 빠듯한 돈이죠? 게다가 시상식장도 놀랍습니다. 시상식장이 레스토랑입니다. 그리 넓지도 않은 식당에 옹기종기 모여 시상식을 치릅니다. 그 이유는 공쿠르 형제의 유언 때문이라고 합니다.

만약 여러분이 프랑스 공쿠르 아카데미로부터 수상자로 선정되었다는 연락을 받는다면 어떻게 하시겠습니까? 약 1만 4,000원을 받으러 수백만 원이나 하는 비행기 티켓을 구입해 레스토랑에 다녀오시겠습니까? 네, 다녀오셔야 합니다. 아무래도 다녀오시는 것이 좋겠습니다. 공쿠르상의 소박한 상금에 비해 너무나도 큰 국제적 인지도 때문입니다. 수상작으로 선정된 작품의 평균 판매량은 60만 부 정도 된다고 합니다. 이것만으로도 1만 4,000원 이상의 가치는 충분하겠죠?

공쿠르상은 신인상에 해당합니다. 신인상이라고 하면 어떤 분야든 딱 한 번만 수상할 수 있는 상입니다. 그런데 공쿠르상이라는 신인상을 두 번 수상한 작가가 있습니다. 게다가 상을 받은 시기도 각각 1956년, 1975년으로 간격이 깁니다. 이 대단한 주인공은 우리에게 《자기 앞의 생》이라는 작품으로 잘 알려진 '에밀 아자르'입니다. '에밀 아자르'는 필명입니다. 본명은 '로맹 가리'입니다. 혹시 눈치채셨나요? 1956년에는 로맹 가리라는 본명으로 공쿠르상을 수상했고, 1975년에는 에밀 아자르라는 필명으로 또 공쿠르상을 수상한 것입니다.

공쿠르 아카데미에서는 해당 작가가 동일 인물인지 모르고 수상자를 결정했다가 시상식이 열리는 레스토랑에서 그 사실을 알게 되었습니다.

그런데도 워낙 작품이 좋고, 수상자로 선정해놓고 취소하는 것도 보기 좋지 않아 그에게 공쿠르상 2회 수상이라는 희귀한 기록을 만들어주었다고 합니다.

chapter 4

질서의 기준

이기적 평등과 나만의 질서는 버티기를 가능하게 해주지만, 기준이 없다면 우리를 뫼르소나 돈키호테로 만들어 놓습니다. 그렇게 된다면 변화한 내 모습을 통해 타인이 변화의 필요성을 느끼도록 한다던 계획은 빠른 실패를 만나게 될 것입니다. 이후의 모든 고통은 내 몫입니다.

기준 없이 스스로 판단한 옳은 일은 자기합리화, 이기주의, 나르시시즘일 뿐입니다. 기준 없이 버티는 것은 '내가 왜 버텨야 하지?', '앞으로 어떻게 버텨야 하지?', '나를 왜 생각해야 하고 타인을 왜 생각해야 하지?'라는 생각을 떠올리게 만들어 우리의 버티기를 멈추게 만듭니다. 나만의 질서에 신념보다 더 현실적이고 명확한 기준을 제시하겠습니다. 그것은 후회하지 않을 판단과 비겁하지 않은 판단입니다. 이번 장에서 다룰 여섯 편의 이야기는 후회와 비겁함에 대한 통찰을 전할 것입니다.

#후회
후회하지 않을 판단

후회의 끝판왕은 생의 마지막 순간에 떠오른 후회입니다. 돌이킬 방법이 없으니까요. 이는 살아가는 동안 겪는 후회는 어떻게든 만회할 기회가 있다는 말이기도 합니다. 살아가면서 고치려 하고, 더는 후회하지 않으려고 노력하는 것은 우리 삶의 모습 중 긍정적인 모습에 해당합니다.

우리는 종종 살아보지 못한 삶을 상상합니다. 《데미안》을 통해 알아본 구분, 대립, 선택 등에서 비롯된 것입니다. '만약 내가 이 사람과 결혼하지 않았다면?', '내가 다른 전공을 선택했다면?', '그때 그 사람의 말을 들었더라면?' 대부분 이런 상상은 우리에게 잠시 머무르다가 앞으로 살아갈 생각에 자리를 내주고 물러납니다.

과거를 향했던 생각이 미래로 방향을 바꿔 제자리를 찾는 것이죠. 우리는 늘 미래를 향해있어야 합니다. 정신의학 분야에서도 과거의 아픈 기억이나 실수한 경험을 떠올리며 힘들어하는 빈도가 높아지고 그 시간이 길어지는 것은 우울증 초기 증상이라고 설명합니다. 우리가 과거에 묶여 돌아오지 못한다면 내일을 살 수 없습니다.

그런데 만약 우리에게 얼마 후 죽을 것이라는 시한부 판정이 내려진 상황이라면 어떨까요? 그때는 생각의 방향을 과거로 돌려도 됩니다. 갑작스러운 죽음을 맞이하는 것에 비하면 삶을 되돌아보는 시간을 가질 수 있다는 것은 축복이니까요. '이랬더라면 어땠을까?', '내 인생은 괜찮았나?' 누구에게나 삶의 마지막은 찾아옵니다.

후회하지 않을 판단은 생의 마지막 순간에 후회하지 않는 것을 의미합니다.

승객을 버리고 도망친 항해사

조지프 콘래드《로드 짐》

주인공 '짐'은 목사 가문의 다섯째 아들로 태어나 정직함에 관한 믿음을 키우며 성장했습니다. 어려서부터 바다와 모험을 동경해 선원이 되기를 희망한 그는 연습선에서 진행되는 선원 양성 훈련에 참가해 2년간의 훈련을 마치고 일등항해사 자격을 얻었습니다. 하지만 교육 과정에서 유일하게 부족한 성적을 받은 '조난 대비'에 대한 두려움을 떨쳐내지 못한 상태입니다.

짐은 파트나 호[35]의 일등항해사로 취직해 800여 명의 승객을 태우고 동남아시아 지역의 밤바다를 항해 중입니다. 그러다 갑자기 '쿵' 소리가 들리더니 선수 쪽으로 물이 차오르기 시작했고, 배는 침몰 위기에 처하게 되었습니다. 짐이 두려워하던 조난 상황이 실제로 발생한 것입니다. 게다가 배에 설치된 구명정은 단 7척뿐이라 짐은 고민합니다. '잠자는 800명의 승객을 깨운다면 어떤 혼란이 발생할까?'

결국 선장과 선원들은 승객을 버리고 탈출하는 결정을 내렸고, 분주하게 움직여 펼쳐놓은 구명정으로 뛰어내렸습니다. 짐 또한 이 순간이 조난 대비에 관한 자격지심을 떨쳐낼 좋은 기회라 생각하며 용감하게 구명정으로 뛰어내렸습니다. 하지만 이 점프는 새로운 자격지심의 시작으로 이어지고 말았습니다. 침몰할 것으로 예상한 파트나 호가 바다에 표류하다가 구조되었기 때문입니다.

승객을 버리고 도망친 선장과 선원들은 재판을 받게 되었습니다. 지금껏 정직함에 관한 강한 믿음을 갖고 살아온 짐은 자신의 행동에 큰 죄책감과 수치심을 느끼며 괴로워합니다. 하지만 동료 선원들은 달랐습니다. 재판을 받게 되자 대부분 도망쳤고, 일부는 정신병원에 입원까지 하며 책임

---

35 파트나 호 이야기는 1880년 7월, 약 1,000여 명의 무슬림을 태우고 가던 제다 호의 영국인 선장과 선원들이 악천후 속에서 승객과 배를 버리고 도망친 실화를 모티브로 쓰인 작품이다.

을 회피할 방법을 마련하기 바빴습니다. 결국 가장 젊은 일등항해사인 짐만 법정에 서게 되었고 항해사 자격을 박탈당하는 처벌이 내려집니다.

더는 항해를 할 수 없게 된 짐은 꿈과 현실의 괴리와 양심의 가책으로 고통스러운 나날을 보내게 됩니다. 게다가 일을 맡겨도 정상적으로 수행할 수 없는 상태에까지 이르렀습니다. 그 모습을 지켜보던 '말로'라는 사람이 안타까운 마음에 직장을 구해주기까지 했지만, 그는 여전히 정착하지 못합니다. 그러다가 '스타인'이라는 사람의 도움으로 동남아시아 말레이제도에 있는 외딴섬, 파투산으로 건너가게 됩니다. 짐은 그곳에서 무역사무소 교역소장이라는 직함을 달고 새로운 삶을 시작합니다.

2년 후, 짐은 파투산에 자리 잡아 이전보다 나은 모습으로 살고 있습니다. 섬의 원주민 우두머리 중 한 명인 '도라민'이라는 인물이 주민을 탄압하던 기존 세력을 몰아내고 섬을 안정시켰습니다. 짐은 이 과정에 우연히 협력한 것을 공으로 인정받아 파투산의 지배자 위치에 오른 것입니다. 파투산 주민들은 짐의 이름 앞에 영주, 군주라는 의미인 로드(Lord)라는 단어를 붙여 로드 짐이라 부릅니다. 파투산이 짐에게는 신임과 사랑과 신뢰를 얻는 새로운 출발점이 된 것입니다.

새로운 환경과 새로운 사건들로 인해 짐의 후회와 죄책감은 사라진 것처럼 보입니다. 하지만 겉으로 보이지 않을 그것들은 변함없이 마음속에 숨어 짐을 노리고 있습니다. 그러던 중 갑작스럽게 발생한 사건이 짐의 후회와 죄책감을 다시 끄집어냅니다. 파투산에 해적 무리가 상륙해 주민들과 대치하는 상황이 벌어진 것입니다.

'브라운'이라는 인물이 이끄는 해적 무리는 납치, 살인, 약탈을 서슴지 않는 포악하고 사나운 집단이라 알려져 있습니다. 해적들은 파투산을 장악하기 위해 주민들과 충돌하고 첩자를 활용해 주민들을 분열시키려 합니다. 결국 로드 짐은 담판을 내기 위해 목숨을 걸고 브라운을 만납니다. 그런데 브라운과 대화를 해보니 그가 사나운 태도로 자신과 맞설 것이라는 예상이 빗나갔습니다.

그는 그간 있었던 일에 대한 손실과 브라운 자신의 건강 등 여러 가지 문제를 언급하더니 이곳에서 떠나 다른 곳에서 다른 일을 하며 살겠다며 퇴로를 열어달라는 부탁을 한 것입니다. 도망쳐 새롭게 시작할 기회를 달라고 부탁한 것이죠. 짐은 생각합니다.

'나도 새로운 기회를 통해 지금의 위치에 오를 수 있었다.'

짐은 브라운의 부탁대로 퇴로를 열어주기로 합니다. 그의 마음속에 숨어있던 후회와 죄책감이 결정에 큰 역할을 한 것입니다. 하지만 브라운은 얌전히 떠나지 않았습니다. 짐의 결정에 따라 퇴로를 열어주었던 주민들을 습격했습니다. 무방비 상태로 공격당한 주민들은 큰 피해를 입었고, 이 과정에서 짐이 지배자의 위치에 오르기까지 협력해온 도라민의 아들마저 사망합니다.

해적들이 끔찍한 살육을 벌이고 파투산을 떠나자 주민들은 퇴로를 열어주기로 한 짐을 원망하며 처벌을 요구합니다. 지금껏 주민들로부터 얻은 신임과 사랑과 신뢰로도 회복이 불가한 상황에 이른 것입니다. 짐의 하인 조차 상황의 심각성을 이야기하며 짐에게 도주를 권합니다. 하지만 짐은 도망가지 않습니다.

짐은 조난 대비에 대한 자격지심으로 새로운 자격지심을 만들었고, 새로운 삶을 시작했음에도 그것을 떨쳐내지 못하고 후회 가득한 삶을 살아왔습니다. 이번에는 후회할 행동을 하지 않겠다고 결심한 것입니다. 짐은 자신의 책임을 인정하며 주민들이 지켜보는 가운데 도라민이 겨눈 총구 앞에 섰습니다. 그리고 잠시 후 스스로 부끄럽지 않은 명예로운 죽음을 맞이합니다.

도덕적 해이가 난무한 세상, 당신의 선택은?

Q1) 800여 명의 승객, 7척의 구명정
　　1. 다 함께 죽는다.
　　2. 승객을 버리고 도망친다.
　　3. 모두를 구하고 나만 죽는다.

Q2) 모두가 책임을 회피하는 상황
　　1. 왜 나만 처벌받나? 도망쳐 책임을 회피한다.

2. 양심 앞에 진실하기 위해 내가 책임을 진다.

Q3) 내 판단으로 일을 그르쳐 타인이 죽었을 때
 1. 담담히 책임진다.
 2. 아니라고 적극적으로 변호해 상황을 모면한다.

A) 정답은 없습니다.

1900년에 발표된 《로드 짐》이 우리에게 던지는 질문은 출간 이후 100년이 훌쩍 지난 지금까지도 유효합니다. 작품 발표 당시에 급격한 변화로 인해 혼란에 빠진 유럽 사회의 윤리, 죄의식, 책임, 현실에 관한 고민은 현재까지 계속되고 있습니다.

모더니즘과 포스트모더니즘

소설 《로드 짐》은 혼란스러운 시점과 뒤섞인 시간대를 이용한 실험적인 서술 방식으로 출간 당시에 독자를 당황하게 만든 작품입니다. 초반에는 전지적 시점으로 짐의 이야기를 시작하지만, 어느 순간 작품 속 화자가 1인칭 시점으로 짐에 관한 이야기를 전하는 것으로 변합니다. 게다가 1인칭 화자는 기억나는 사건을 토막토막 이야기하기 때문에 독자는 내용을 퍼즐처럼 맞춰가야 하고 그 이야기가 모두 진실이라는 보장도 없습니다. 이처럼 기존의 틀을 벗어난 새로운 경향을 도입한 작품을 모더니즘(modernism) 문학이라 부릅니다.

모더니즘은 기존 체제에 대한 회의감에서 비롯된 기성 형식과 관습에 대한 반발을 중심으로 하는 사상을 뜻합니다. 사회, 문화, 과학 등 모든 분야에 새로운 형태가 등장했습니다. 그러다가 모더니즘에 대한 문제를 제기하며 또다시 새롭게 등장한 것이 포스트모더니즘(postmodernism)입니다. 모더니즘은 왕, 귀족 등의 지배자와 피지배자로 나뉘어 있던 수직 사회가 모두가 주체로 살아가는 수평 사회로 전환되는 과정에서 등장했습니다. 역사학적으로는 중세와 근대로 구분하기도 합니다.

모더니즘의 등장에 대해서는 다양한 견해가 존재합니다. 그중 예술 분야에 한정해 간략히 설명하면 중세의 기성 사회에서 자율성을 존중받지 못했던 예술가들이 자율성을 드러낸 것이라 할 수 있습니다. 기성 사회에서 예술가들은 궁중 악사, 궁중 미술가와 같이 지배자를 위한 예술 활동을 했습니다. 당시에는 예술가들이 악기나 미술 재료 등을 자유롭게 구할 수 없고, 자유롭게 연습할 환경도 없었습니다. 이에 따라 지배자가 도구와 환경을 제공해 예술가를 육성했고, 그들은 지배자가 원하는 예술 활동을 펼쳤습니다.

그들 중에는 새로운 방식을 깨우치거나, 새로운 방식에 도전하고 싶은 사람도 있었을 것입니다. 다만 그 필요성이 크지 않았을 뿐입니다. 지배자가 원하는 방향에 맞추는 것이 당연하던 시절이고, 재능을 펼칠 기회도 대부분 지배자에게 보여주는 것으로 한정되어 있었기 때문입니다. 지배자가 제공해준 것으로 배우고 결과물을 보여주는 것만으로도 충분했던 것입니다.

그러다 세상이 바뀌었습니다. 산업혁명과 3대 시민혁명[36]으로 대표되는 유럽의 시대 변화는 봉건제 기반의 수직 사회를 자본주의 기반의 수평 사회로 바꿔놓았습니다. 지배층이 사라지고 모두가 주체가 되는 사회에 도착한 예술가에게 지배자만을 위해 활동해야 할 필요가 사라진 것입니다. 동시에 지배자 중심으로만 활동해온 무대도 사라졌습니다. 속박과 안정이 공존하던 시대가 끝나고 자유와 불안정이 공존하는 시대가 도래했습니다.

이렇게 등장한 실험주의, 상징주의, 현실주의, 초현실주의, 이미지즘, 파격 등을 모더니즘이라 묶어 부릅니다. 그동안 지배층의 요구에 한정되어 자유롭지 못한 것에 반발과 원하는 방식이나 잘하는 방식을 선택할 수 있는 자유가 새로운 것들을 만들었습니다. 더불어 직접 관객과 무대의 선택을 받기 위해 남과 다른 독특한 것을 만들어야 하는 경쟁이 새로운 예술을 창조했습니다. 예술가들의 자율성은 요구가 아닌 필요가 되었습니다. 이들은 자신의 자율성을 스스로 잘 판단하며 변화한 세상을 살아가기 시작했습니다. 이를 문학의 영역으로 가져오면 모더니즘 문학이 됩니다.

모더니즘 문학은 그동안 보편적이던 서술 형태를 벗어나 새롭고 실험적인 서술 형태를 보여줍니다. 대표적인 모더니즘 작가로 제임스 조이스

---

36 영국 명예혁명(1688), 미국 독립혁명(1776), 프랑스 대혁명(1789)

(James Joyce)와 버지니아 울프(Virginia Woolf)[37]를 많이 거론합니다. 이들 작품의 공통점은 독자가 읽기 어렵다는 것입니다. 모더니즘의 등장 이후 많은 시간이 흘렀음에도 여전히 이들의 서술 방식은 낯설게 느껴집니다. 이러한 이유로 이들은 모더니즘 문학의 대표 작가로 불립니다.

이후 모더니즘은 두 차례의 세계대전과 이념 갈등, 핵전쟁 위기 등으로 인해 회의론에 부딪힙니다. 사람들은 모더니즘의 기본 개념인 인간이 알아서 잘 판단한다는 이성의 결과물이 고작 전쟁이냐는 실망감을 드러냈습니다. 그러면서 이성에는 한계가 있으니 이를 벗어나야 한다며 포스트모더니즘을 주장하기 시작한 것입니다.

포스트모더니즘은 자유롭고 새로운 것을 추구하던 모더니즘이 어느새 그로 인한 규칙, 권위, 규율 등의 통제선을 만들었다며 그것을 모두 해체해야 한다는 주장입니다. 독일의 철학자인 니체가 신의 존재를 부정하는 "신은 죽었다"라고 발언해 기성세대의 불문율을 해체한 것을 예로 들수 있습니다. 이를 문학의 영역으로 가져오면 포스트모더니즘 문학이 됩니다.

포스트모더니즘 문학을 통해 대중적으로 명성을 얻은 작가로 블라디미르 나보코프(Vladimir Nabokov), 움베르토 에코(Umberto Eco), 사무엘 베케트(Samuel Beckett)가 많이 거론됩니다. 이들은 역사서인지 소설인지 경계가 불분명하고 아동성애, 근친상간 등 건드려서는 안 된다는 불문율이 존재하

---

37 영국 작가, 1882~1941

던 분야를 건드린 작품을 냈습니다. 또 모든 관객이 다른 감상을 내놓게 되는 희곡 등을 통해 모더니즘이 만든 통제선을 벗어났습니다.

문학 영역에서의 모더니즘 유행은 19세기 말 무렵부터 시작되었습니다. 대표적인 모더니즘 문학이라 인정받는 제임스 조이스의 《율리시스》가 1922년에 출간된 것으로 유행이 시작했다고 본다면 20세기 초부터 유행했다는 의견도 틀린 것은 아닙니다. 그렇지만 《율리시스》 전에 모더니즘을 선도한 인물이 있었음을 간과해서는 안 됩니다.

그중 한 명이 《로드 짐》의 작가 조지프 콘래드(Joseph Conrad)입니다. 이전까지는 시간대별로 사건을 배열하는 연대기적 서술 방식을 당연하게 여겼습니다. 그러나 소설 《로드 짐》은 시간대를 섞고, 화자의 시점까지 바꾸는 실험적인 서술 방식이 사용되었습니다. 이 책이 출간된 해가 1900년입니다. 《로드 짐》은 모더니즘을 선도한 작품, 모더니즘을 뛰어넘은 작품이라 평가받습니다.

《로드 짐》이 실험적인 서술 방식을 사용한 이유는 짐이라는 인물에 대한 정의를 내리지 않기 위함이라고 생각할 수 있습니다. 전지적 시점과 1인칭 시점이 섞인 이유 또한 마찬가지입니다. 확실하게 정의할 내용이 등장하는 초반에 전지적 시점을 사용했고 이후로는 1인칭 화자에게 시점이 넘어가기 때문입니다.

작가는 짐이 고민하는 것을 독자도 함께 고민하길 바란 것으로 판단됩니다. 만약 끝까지 전지적 시점을 사용해 '짐은 이런 생각이었다', '사실은 이렇다'라는 방식으로 정의했다면 독자는 작가가 안내하는 방향대로만 따라갔을 것입니다. 작가는 독자에게 문제만 제시하고 독자에게 생각할 기회를 열어주었습니다. 화자가 전하는 짐에 관한 이야기를 믿을지 말지 판단하는 과정에서 독자 스스로 성찰을 경험할 기회를 제공하는 것입니다.

조지프 콘래드(Joseph Conrad, 1857~1924)는 폴란드에서 태어났습니다. 폴란드어 본명은 유제프 테오도르 콘라트 코제이오프스키(Józef Teodor Konrad Korzeniowski)입니다. 당시 러시아의 지배를 받던 폴란드의 독립투사이자 문필가였던 아버지, 아폴로 코제니오프스키(Apollo Korzeniowski)와 어머니, 에바 보브로프스카(Ewa Bobrowska) 사이에서 태어났습니다.

그의 부모는 모두 독립운동을 하는 과정에서 정치범으로 체포되었고 그의 나이 8세 때 어머니가 먼저 세상을 떠났습니다. 아버지로부터 일찍이 문학에 관한 교육을 받기 시작한 조지프 콘래드는 12세에 아버지가 세상을 떠나자 외가에 맡겨졌습니다. 그리고 16세에 학업을 중단하고 프랑스로 건너가 선원이 되었습니다.

이후 연애, 도박, 채무 등의 문제를 겪은 그는 영국으로 건너가 항해사 자격을 취득해 상선을 타고 세계를 돌아다닙니다. 이 과정에서 영어를 배운 그는 1886년에 영국으로 귀화해 선장 자격을 취득하고 한동안 항해와 집필 활동을 병행합니다.

그리고 1894년에 바다 생활을 마감하고, 전업 작가가 됩니다. 이즈음 그는 '조지프 콘래드'라는 영어 이름으로 개명했습니다. 그리고 주로 자신의 경험을 바탕으로 한 해양 문학작품을 영어로 발표하기 시작했고, 이후로도 모든 작품을 영어로만 발표했습니다. 그러면서도 폴란드인으로서의 정체성을 버리지는 않았던 그는 폴란드에 있는 가족, 지인과 교류하며 작품 활동을 이어갔습니다. 그리고 1924년에 67세의 나이로 세상을 떠났습니다.

주요 작품으로는 베트남전쟁을 배경으로 1979년에 개봉한 미국 영화《지옥의 묵시록(원제: Apocalypse Now)》의 원작 소설인《어둠의 심연》(1899)과 모더니즘을 선도한 작품《로드 짐》(1900) 등이 있습니다.

생각을 그대로 써놓은 이야기

제임스 조이스《율리시스》

《율리시스》는 '모더니즘 문학의 금자탑'이라는 수식어가 따르는 작품으로 현대 영문학 최고의 작품이라는 평가를 받습니다. 이와 동시에 난해한 문체, 수많은 함축과 은유로 인해 읽기 어려운 작품이라는 평가도 받는 작품입니다. 이 작품은 이야기 소개에 앞서 '의식의 흐름(Stream of consciousness)'이라는 서술 방식에 대한 설명이 필요합니다.

의식의 흐름은 미국의 심리학자인 윌리엄 제임스가 1890년대에 처음 사용한 심리학 개념입니다. 그는 인간의 의식을 정적인 부분의 배열이 아닌

동적인 이미지와 관념이 흘러 늘어선 것이라 정의하고 있습니다. 이 개념이 문학 분야에 적용된 것이 인간의 정신 속에 끊임없이 변하고 이어지는 주관적인 생각과 감각을 주석 없이 설명해 나가는 서술 방식입니다. 이런 서술 방식은 의식의 흐름이라는 용어가 정의되기 이전부터 존재했습니다.

우리는 쉬지 않고 생각을 합니다. 책을 읽는 이 순간에도 생각은 우리 머릿속을 떠다니고 있습니다. 그 생각을 그대로 종이에 옮겨적는 것이 《율리시스》의 서술 방식입니다. 반드시 문장이나 단어일 필요도 없습니다. 이미지가 떠오르면 그것을 그대로 종이에 옮기면 됩니다.

'방금 저녁을 먹었는데 벌써 출출하네, 뭘 먹었지? 병아리, 밥을 몇 시에 먹었더라, 임금님, 음악 소리가 시끄러운데? 장미의 이름, 페스트, 주차장에 차는 잘 있을까? 시곗줄을 바꿔볼까? 어떤 색으로 바꾸지? 허리 아파, 내일 회사 쉴까? 양치해야겠다. 이거 뭐지? 어제 내가 왜 그런 말을 했을까, 어떻게 하지, 그만 쓸까….'

이렇듯 머릿속을 부유하는 생각, 딱히 규칙이랄 것도 없이 둥둥 떠다니는 생각들을 종이에 그대로 옮겨 적는 것입니다. 이러한 '의식의 흐름'이라는 서술 방식은 외적 사건보다 등장인물의 생각을 낱낱이 파고들어 내면을 표현하는 데 주로 활용됩니다.

《율리시스》는 아일랜드의 수도인 '더블린'을 배경으로, 세 인물의 1904

년 6월 16일 아침 8시부터 다음날 새벽 2시경까지의 18시간을 다룹니다. 등장인물은 '스티븐', '블룸', 그리고 블룸의 아내 '몰리'입니다. 스티븐은 교사로 일하는 문학청년으로 자존심이 강한 편이고, 아버지와는 사이가 좋지 않습니다. 그는 어머니가 돌아가실 때 마지막으로 부탁한 일을 들어드리지 못한 것에 대해 후회하며 방탕하게 살고 있습니다. 블룸은 38세의 헝가리 출신 유대인으로 신문 광고업에 종사하고 있습니다. 그는 자신이 원하는 지적인 삶과 현실의 차이로 혼란스러워하고 있습니다. 블룸의 아내인 몰리는 가수로 일하고 있습니다. 그녀는 지금 다른 남자와 불륜 관계를 유지하고 있고, 남편 블룸도 이 사실을 알고 있지만 묵인하고 있습니다.

이야기는 아침 8시에 잠에서 깬 친구들과 대화하는 스티븐의 모습으로 시작됩니다. 그리고 각각의 인물이 아일랜드 더블린의 구석구석을 돌아다니며 도시의 모습을 상세하게 묘사하는 형태로 진행됩니다. 작품의 초중반에는 인물들이 직접 만나는 상황은 없습니다. 그저 같은 장소를 스쳐 지나가며 각자의 이야기를 들려주다 작품 후반인 밤 11시 정도에 스티븐과 블룸이 만나 대화하는 장면이 나옵니다. 여기서 두 사람은 300여 개의 질문과 답을 주고받습니다. 이후 깊이 잠든 블룸 곁에 있는 아내 몰리의 긴 독백으로 이야기가 마무리됩니다.

등장인물들이 하루 동안 돌아다니며 묘사하는 더블린의 모습은 하늘에 있는 구름이나 작은 광고판의 모양까지도 세세하게 표현되어 있습니다. 장소가 등장하는 순서는 다음과 같습니다.

스티븐의 숙소 → 오래된 탑 → 학교 → 해변 → 블룸의 집 → 우체국 → 교회 → 목욕탕 → 묘지 → 신문사 → 도로 → 도서관 → 거리 → 레스토랑 → 술집 → 해변 → 산부인과 → 사창가 → 블룸의 침실

큰 의미 없이 도시 이곳저곳을 묘사한 것으로 생각할 수 있지만, 작품의 진정한 주인공은 장소입니다. 총 18장으로 구성된 《율리시스》는 호메로스[38]의 《오디세이아》의 기본구조에 대입되어 등장인물들의 생각을 난해한 상징과 의식의 흐름으로 표현했습니다. 이를 통해 작가는 정치, 철학, 음악, 신학, 섹스, 출산, 천문학 등의 주제에 관한 자신의 생각을 쏟아냅니다. 세 명의 인물은 이를 진행하기 위해 등장하는 수단으로 생각할 수 있습니다.

제임스 조이스(James Joyce, 1882~1941)는 1882년에 《율리시스》의 배경인 아일랜드 더블린에서 태어났습니다. 유년 시절부터 우수한 언어적 역량을 발휘한 그는 영어, 프랑스어, 이탈리아어 등 다양한 언어를 습득했습니다. 대학 졸업 후 프랑스 파리로 건너가 의학 공부를 시작했다가 중도에 포기했습니다. 더블린으로 돌아온 그는 노라 바너클이라는 여성과 결혼했습니다.[39] 이후 이곳저곳 거처를 옮기며 소설, 시, 희곡 등 다양한 분야에서

---

38 대략 기원전 800년부터 기원전 750년 사이에 활동한 고대 그리스의 시인. 서양사의 한 획을 그은 인물이며 역사상 가장 위대한 작가 중 한 명으로 평가받는다.

39 두 사람이 만난 날은 1904년 6월 16일로 《율리시스》에 등장하는 하루와 같은 날입니다.

문학 활동을 이어가다 1941년에 58세의 나이로 스위스 취리히에서 생을 마감했습니다.

금서(禁書) 《율리시스》

제임스 조이스의 작품에는 노골적인 성적 묘사와 음담패설이 종종 나옵니다. 《율리시스》도 마찬가지입니다. 인물의 생각을 가감 없이 표현하는 작품이기에 별 이야기가 다 나옵니다. 게다가 배경으로 등장하는 장소에 유흥가, 사창가가 포함되는 만큼 관련된 생각이 글로 등장하는 것은 당연하다고도 볼 수 있습니다.

이로 인해 《율리시스》를 연재한 미국 잡지의 편집장은 '외설적이고 저질스러운 글'을 연재했다는 이유로 재판까지 받는 등 어려움을 겪었습니다. 또 1921년에 발행된 단행본은 미국, 영국, 아일랜드에서 금서로 지정되었습니다.

《율리시스》는 초판 발행 후 10년이 흐른 뒤에야 재판을 통해 미국에서 출판되었습니다. 당시 판결문에는 이런 말이 쓰여 있습니다. '새로운 문학 기법으로 인간을 관찰하고 묘사하기 위한 엄숙하고 진지한 시도이며, 율리시스를 읽고도 성욕이 일거나 음란한 생각이 들지 않았다.'

직접 쓰는 《율리시스》

《율리시스》에 대한 작품 해석은 접근 방향에 따라 완전히 달라질 수 있지만, 의식의 흐름이라는 서술 방식은 달라질 수 없습니다. 우리는 이 작품에서 끌어낼 수 있는 다양한 것 중에서 서술 방식에 집중하겠습니다. 생각을 낱낱이 파고들어 내면을 표현하는 방식을 내 생각에 적용해보는 것입니다.

《율리시스》를 읽기 어려운 이유 중 하나는 글로 쓰인 것들이 모두 남의 생각이기 때문입니다. 그것이 내 생각이라면 어렵지 않게 읽힐 것이고 배경 지식이 필요치도 않을 것입니다. 스스로 내린 판단, 옳다고 생각하는 행동, 이기적 평등, 나만의 질서, 이 모든 것은 생각입니다. 어딘가에 글로 써도 좋고 그냥 머릿속에서 생각해도 좋습니다. 오직 내 생각만을 만나보는 것입니다. 후회할 일이 생기기 전에 꼭 만나보세요.

당신의 생각을 적어보세요

죽음을 앞둔 노인

카렐 차페크 《평범한 인생》

《평범한 인생》은 체코 작가인 카렐 차페크(Karel Capek, 1890~1938)가 쓴 소설입니다. 이 작품은 죽음을 앞둔 노인이 자신의 삶을 돌아보며 새로운 자신들과 마주하는 매우 사적인 소설입니다. 이야기는 이미 세상을 떠난 한 남성의 자서전을 읽어보는 액자식 구성으로 서술되어 있습니다.

주인공은 오랜 세월 동안 철도공무원으로 일하다 정년퇴직한 노년의 남성입니다. 그는 지병인 심장병이 악화해 죽음이 가까워졌음을 직감하고는 주변을 정리하기 시작합니다. 서랍도 정리하고, 여기저기 보관된 서류들을 모아 말끔하게 끈으로 묶습니다. 초등학교 1학년 성적표, 세례 증명서, 거주 증명서, 결혼 증명서, 임명장 그리고 죽은 아내와 주고받은 편지까지 생의 기록들입니다. 정리를 마친 주인공은 이제 모든 것이 준비되었다고 생각했습니다. 하지만 가슴을 내리누르는 듯한 알 수 없는 답답함을 느낍니다. 아직 준비가 부족한 모양입니다. 그래서 자신의 전기를 기록하기로 했습니다.

주인공의 유년기는 경제적으로 부족함이 없었습니다. 학창 시절에는 조용하고 부지런한 학생으로 살았습니다. 학창 시절에 만났던 여자아이가 있었는데, 지금은 이름이 기억나지 않습니다. 그의 아버지는 단순하지만 확고한 자신만의 경제관을 가진 분이었고, 어머니는 자식에 대한 사랑이 넘치는 분이었습니다.

그는 대학에 진학하기 전까지를 특별한 변화도 큰 재미도 없던 시절로 기억합니다. 대학 철학과에 진학한 주인공은 처음으로 프라하라는 큰 도시에 발을 들였습니다. 하지만 정작 대학에서는 전공인 철학이 아닌 시에 몰두해 시간을 보냈고, 아버지의 강한 반대를 마주했습니다. 결국 그는 부모님의 경제적 지원으로부터 자유로워지기 위해 취직을 했습니다. 그때 나이가 22세입니다.

철도청의 하급 공무원으로 시작한 직장 생활 초반에는 스트레스의 연속이었습니다. 결국 건강 악화로 한적한 시골 역으로 근무지를 옮겨 새로운 사람들과 일했고, 그곳에서 만난 직장 상사의 딸과 결혼했습니다. 장인이 된 그 상사는 직장 내에서 큰 영향력을 가진 인물이었습니다. 그의 덕이 었는지 아니었는지 확실하지는 않지만, 주인공은 젊은 나이에 역장이라는 자리에 올랐습니다. 그리고 얼마 후 제1차 세계대전이 발발했습니다. 무사히 전쟁 기간을 지낸 주인공은 교통부의 고위직으로 자리를 옮겨 일하다가 정년퇴직 후 지금에 이르렀습니다. 특별히 큰 굴곡이 있다고 말하기 어려운 평범한 인생입니다.

자신의 전기를 이 부분까지 기록한 주인공은 너무 많은 생각을 떠올린 탓인지 심장 발작을 일으킵니다. 다행히 얼마 후 정신을 차린 주인공은 평범하게 삶을 기록만 할 것이 아니라 좀 더 세밀하게 삶을 분석해보기로 합니다. 평범하게 느껴진 삶의 장면들을 하나씩 꺼내 놓고, 그 순간 자신이 다른 결정을 내렸을 경우를 가정해 자신에게 질문을 합니다. 때로는 공격적으로 몰아세우기도 하고 결정을 부정하기도 하다가 스스로 그것을 반박하며 지난 삶을 되돌아보는 것입니다. 이렇게 시작된 질문은 꼬리에 꼬리를 물며 이어집니다.

'그때 아버지의 말을 듣지 않은 이유는?'

'들었더라면 어땠을까?'

'아내와 결혼한 이유는?'

'그냥 잘나가는 직장 상사 딸이라서?'

'아니야, 사랑이었어.'

'그럼 왜 결혼 후에도 일에만 몰두했지?'

'아니야. 아니라고!'

이제까지 차분하게 삶을 되돌아보던 목가적인 분위기는 지금부터 치열한 분위기로 반전됩니다. 주인공은 지나간 삶을 부정하고, 질문하고, 반박하기를 반복합니다. 그러다 결국 질문하는 것은 마음속에 존재하는 또 다른 자아이고 그것을 반박하는 것은 지금의 자신이라는 사실을 깨닫게 됩니다.

자아는 평범이, 억척이, 우울이, 시인, 거지, 영웅, 낭만주의자 등 다양한 모습으로 나타나 주인공이 지나온 삶을 통째로 부정하기도하고 인정하기도 합니다. 그리고 주인공은 더욱 적극적으로 자신이 살아온 삶을 변호합니다. 후회와 싸우기 시작한 것입니다. 그러면서 행복하고 평범한 자신, 출세를 위해 몸부림치는 억척스러운 자신, 우울증 환자가 되어있는 자신을 만나기도 합니다. 또 죽음을 앞둔 노인의 모습으로 부모님과 만나기도 하고, 기억 속 사람들을 만나는 과정을 거치며 주인공은 생각을 정리하는 순간에 도착합니다.

자아는 많지만, 인생은 하나

하얀 종이를 지켜라

《평범한 인생》의 소재로 등장한 철도는 우리의 삶과 닮은 점이 많습니다. 출생에서 사망까지의 인간의 삶처럼 출발지와 도착지가 정해져 있고, 그 과정에서 많은 역을 만납니다. 들러야 하는 역, 지나치는 역, 들렀어야 했음에도 지나친 역, 지나쳐야 했음에도 들른 역이 존재합니다. 그곳에서는 내리는 사람도 있고, 새롭게 타는 사람, 내려야 하는데 내리지 못한 사람, 타야 하는데 타지 못한 사람도 있습니다. 그리고 가끔은 멈추기도 합니다. 그렇지만 어떻게든 다시 움직여 도착지까지 달립니다. 그런데 문득 궁금해집니다. 이렇게나 다양한 삶의 모습 중 어떤 것이 진정한 삶일까요?

평범해 보이는 각자의 삶이 가장 평범하지 않은 삶입니다. 《평범한 인생》이 한 사람의 평범함을 반복하면서 매번 다른 이야기를 뿜어내는 것은 한 사람의 삶이란 절대 평범할 수 없음을 보여주는 것입니다. 《평범한 인생》의 이야기가 중반 이후부터 혼란스러워지는 것은 후회에서 비롯합니다. 주인공이 삶의 마지막 순간에 과거를 되돌아보다가 후회를 만나 그것을 만회하려는 몸부림으로 자아와 싸움을 벌였기 때문입니다.

지나온 삶에서 후회를 찾아내기는 쉽습니다. 반대로 좋은 기억을 찾아내기는 어렵습니다. 우리 삶에 후회할 일이 더 많아서가 아닙니다. 오히려 적기 때문에 더 쉽게 찾는 것입니다.

하얀 종이에 검은 잉크가 한 방울 튀었다면 먼저 눈에 들어오는 것은 잉크 자국입니다. 지나온 삶의 기억은 좋은 기억이라는 하얀 종이와 후회라는 한 방울의 검은 잉크 자국으로 구성되어 있습니다.

검은 잉크 자국은 눈에 잘 보이고 신경 쓰일 뿐, 실제로 많은 공간을 차지한 것은 하얀 종이입니다. 지나온 삶에서 후회를 제외하면 대부분이 좋은 기억이라는 것입니다. 그저 후회가 눈에 띌 뿐이죠. 게다가 잉크 한 방울을 지우겠다며 문질렀다가는 종이만 더럽히게 됩니다. 잉크가 튄 것은 내 선택의 결과입니다. 《평범한 인생》의 주인공은 죽음을 앞두고 과거를 떠올려 그것을 지우려 애썼습니다. 하지만 우리는 죽음을 앞두고 삶을 돌아보는 상황에 있지 않습니다. 과거의 잉크에 매달려 애쓸 것이 아니라 더는 잉크가 튀지 않도록 애써야 합니다. 후회하지 않을 판단이 필요합니다.

#비겁함
비겁하지 않은 판단

비겁함은 비열하고 겁이 많다는 것입니다. 비열함은 필연적으로 자책과 후회를 만나게 됩니다. 우리가 스스로 내린 판단이 옳다는 것을 알고 있기 때문입니다. 우리는 알면서도 남의 눈치, 그 순간의 분위기, 상황을 모면하려는 처세로 인해 스스로 내린 판단과 반대로 행동합니다. 그리고 그 순간이 지나면 자책하고 후회합니다. 시간이 지난 자신의 행동을 돌이키는 것이 쉬운 일이 아닙니다. 오히려 처음부터 용기를 내는 편이 더 쉽습니다.

겁을 내는 것도 마찬가지입니다. 스스로 내린 판단이 옳다는 것을 알기에 겁내는 것입니다. 또 남의 눈치, 그 순간의 분위기, 상황을 겁내는 것도 더해진 것입니다. 그렇기에 비열함과 겁이 많음을 합쳐서 알면서 모른

척하는 모습을 비겁함이라는 단어로 묶은 것입니다. 우리는 이미 좋음을 재정의했습니다. 이제부터는 자신에 대한 믿음을 가져야 합니다. 그렇게 버티는 것입니다. 사건이 발생하고 그 순간이 지나면 주변에서 눈치 주던 사람들과 반대하던 사람들은 이미 사라지고 없습니다. 알면서도 모르는 척한 책임은 모두 자신이 짊어져야 합니다.

'비겁한 판단'은 알면서도 모른 척 행동하는 것입니다.

바람 피워 낳은 딸과 세 남녀
너새니얼 호손《주홍 글자》

미국 작가인 너새니얼 호손(Nathaniel Hawthorne, 1804~1864)이 1850년에 펴낸《주홍 글자》입니다. 17세기 아메리카 식민지 시대를 배경으로 합니다. 죄의 상징인 '주홍빛 천 위에 새겨진 A라는 글자'를 평생 가슴에 달고 살아야 하는 여성과 죄를 고백하지 못한 죄책감에 시달리며 죽어가는 목사가 등장합니다. 이들을 통해 윤리라는 굴레에 갇혀 위선적으로 살아가는 미국 청교도 사회의 모습과 인간의 불완전함을 이야기합니다.《주홍 글자》는 읽기 전에 간략하게라도 '청교도'에 대해 알아보는 것이 주인공이 처한 상황을 이해하는 데 도움이 됩니다.

청교도는 16세기 영국에서 생겨난 개신교의 교파입니다. 인간의 모든 행동과 사고를 하나님과 분리해서 생각할 수 없다는 신 지향 주의, 성경 중심 신앙, 금욕주의를 가치로 채택해 영국 성공회의 제도와 의식 일체를 배척하며 개혁을 주장했습니다. 이에 영국 국왕들은 전통주의 종교에 반대하는 노선을 취하는 청교도인을 탄압했고, 이들은 박해를 피해 주변 국가로 이주했습니다. 그중 북아메리카로 이주한 청교도인들이 건설한 새로운 영국, 뉴잉글랜드가 소설 《주홍 글자》의 배경입니다. 《주홍 글자》를 읽기 전 알아두면 좋은 최소한의 키워드는 '도덕적 완벽주의'입니다.

이야기는 태어난 지 3개월 된 딸을 품에 안은 한 여성이 감옥 앞 광장에서 사람들로부터 모욕당하는 모습에서 시작됩니다. 여성의 이름은 '헤스터 프린'입니다. 그녀는 몰락한 영국 귀족 가문의 딸로 나이 차가 많이 나는 '로저 칠링워스'와 결혼했습니다(귀족, 나이 차 등을 미루어 가문 간의 정략결혼을 짐작할 수 있습니다). 이 부부는 청교도인으로 종교 탄압을 피해 배를 타고 미국의 뉴잉글랜드 보스턴으로 건너가기로 했습니다. 먼저 아내인 헤스터가 배를 타고 출발했고, 남편 칠링워스는 뒤이어 출발하기로 했습니다. 그렇지만 먼저 도착한 헤스터가 아무리 기다려도 남편은 오지 않았습니다.

헤스터는 남편이 조난했다고 여기며 2년여의 세월을 보냈습니다. 그사이 새롭게 이주한 마을에서 만난 남성과 사랑을 나눠 딸을 낳았습니다. 도덕적 완벽주의를 추구하는 청교도 사회의 규율대로라면 사형감입니다. 하지만 남편의 조난으로 홀로 지내고 있었다는 사정을 감안해 최대한 선처 받은 결과가 공개 망신을 당한 후 감옥에 가는 것이었습니다. 그리고 앞으로는 주홍빛 헝겊에 'Adultery(간통)'를 의미하는 글자 'A'를 수 놓은 표식을 영원히 매달고 다녀야만 합니다.

감옥 앞 광장에서 헤스터를 조롱하고 모욕하는 사람들 사이에 낯익은 얼굴도 있습니다. 바로 그녀의 남편인 칠링워스입니다. 그는 배를 타고 오던 중 섬에 사는 원주민들의 포로가 되어 2년여간 그곳의 의사 노릇을 하다가 어렵게 보스턴에 도착한 것입니다. 그리고 아이를 안고 망신을 당하는 아내의 모습을 목격했습니다.

헤스터는 처벌이 내려지기 전 간통 상대가 누구냐는 질문을 여러 차례 받았음에도 끝까지 상대를 밝히지 않았습니다. 그녀를 설득하기 위해 마을 고위 인사들과 주민들의 두터운 신망을 받는 목사인 '아서 딤스데일'까지 나섰음에도 그녀는 입을 열지 않은 것입니다. 결국 감옥에 수감된 헤스터는 두렵고 초조한 상태에 빠져버립니다.

그 모습을 관찰하던 감옥 관계자들은 그녀 자신의 건강과 아기의 건강을 위해 의사를 만나야 한다며 지역사회에서 유명한 의사를 불러옵니다. 그 의사는 남편 칠링워스였습니다. 이렇게 두 사람은 감옥에서 재회했습니다. 칠링워스는 그녀에게 말합니다. "나는 당신에게 복수하거나 무슨 흉측한 짓을 꾸미지는 않을 거요. 하지만 우리 두 사람에게 못할 짓을 한 사내는 아직 살아있지 않소. 그자가 누구요?"

헤스터는 이번에도 그가 누구인지 말하지 않습니다. 화가 난 칠링워스는 "정부의 비밀을 지켜준 것과 같이, 내가 당신의 남편이었다는 비밀도 지켜주시오"라고 말하며 누군지 모를 그놈을 찾아 반드시 복수하겠다는 마음을 먹습니다.

형기를 마친 헤스터는 교외에 있는 바닷가 오두막에서 가슴에 A라는 주홍 글자를 달고 삯바느질로 생계를 이어갑니다. 아기는 이제 어린이로 성장했습니다. 아이의 이름은 '펄'입니다. 단어 그대로 진주를 의미하는 이름입니다. 자신의 모든 것과 바꾼 소중한 딸이라는 헤스터의 마음이 전해지는 이름입니다.

그렇지만 안타깝게도 펄은 엄마의 주홍 글자로 인해 친구들과 어울리지 못하는 외톨이 신세입니다. 마을의 고위 인사들은 펄을 정상적인 교인으로 성장시키려면 엄마와 떼놓아야 한다는 일방적인 결정을 내렸습니다. 헤스터는 정치인, 종교인 등 마을 유력 인사들이 모인 곳에서 이들과 맞섭니다. 그곳에는 자신이 헤스터의 남편이라는 사실을 숨긴 채 성실하고 모범적인 의사 이미지를 구축해온 칠링워스도 있었습니다.

헤스터는 펄이 없으면 자신은 죽는다며 직접 아이를 키우게 해달라고 애원했습니다. 그 자리에 있던 목사 딤스데일에게도 도움을 요청했고, 그의 적극적인 변호 덕에 그녀는 펄과 함께 지낼 수 있게 되었습니다. 딤스데일은 종교를 중심으로 만들어진 사회에서 상당한 영향력을 가진 목사입니다. 그런 그가 부정한 여인을 도울 이유가 없었음에도 모두의 예상을 깨고 헤스터를 변호한 것입니다.

그 모습을 지켜본 칠링워스는 딤스데일이 헤스터의 정부일 것이라는 의심을 품고 그에게 접근합니다. 그는 자신의 정신적 안내자로 딤스데일을 지목해 가깝게 지낼 이유를 만들었고, 그의 주치의가 되어 많은 시간을 함께 보내기 시작합니다. 칠링워스가 딤스데일의 주치의가 될 수 있었던 것은 그가 마음의 병으로 건강이 점점 나빠지고 있었기 때문입니다. 하지만 딤스데일은 그 문제에 관해 칠링워스에게 털어놓지 않습니다. 계속해서 뭔가 숨기는 듯한 딤스데일의 행동으로 인해 칠링워스의 의심은 확신으로 변했습니다. 이내 칠링워스는 아내의 정부를 찾아 복수하려던 계획을 실현하기에 이르렀습니다.

딤스데일이 펄의 아버지인 것은 사실입니다. 헤스터가 끝까지 이 사실을 말하지 않은 덕에 그는 처벌도 받지 않고, 존경받는 목사로 사는 것입니다. 그러나 딤스데일은 힘겨운 삶을 혼자 짊어진 헤스터에 대한 죄책감으로 고통받고 있었습니다. 펄을 엄마와 떼놓으려던 상황에 도움을 준 것도 같은 맥락에서 생각할 수 있는 행동입니다. 딤스데일은 자신과 사랑을 나눈 상대가 공개적으로 모욕당하고, 감옥에 다녀오고, 주홍 글자를 달고 살아가는 모습을 지켜보았습니다. 그러면서도 뒤에 숨어 죄를 고백하지 못하고 있다는 죄의식으로 인해 고통받는 삶을 살아가는 중입니다.

7년이 흘렀습니다. 그사이 세 사람에게는 많은 변화가 있었습니다. 그동안 주홍 글자를 달고 삯바느질을 하며 지내던 헤스터는 몸가짐을 조심하며 성실하게 일하고 기부까지 하는 선행을 베풀어 좋은 평판을 얻게 되었습니다. 처음에는 부정한 여인이라며 손가락질하던 사람들도 이제는 그녀를 다르게 봅니다. 그녀가 달고 있는 주홍 글자 'A'는 간통이라는 의미의 'Adultery'가 아닌 유능함을 의미하는 'Able', 나아가 천사라는 의미의 'Angel'로 받아들여지는 상황이 된 것입니다.

반면 두 남자의 상황은 좋지 않습니다. 칠링워스는 지난 7년간 딤스데일의 죄의식과 양심을 교묘하게 자극하며 그를 괴롭혔습니다. 사람들에게 진실을 알려 벌을 받게 하는 방법이 아닌 자신의 정체를 숨기고 그에게 지속해서 정신적 압박을 가하는 방법을 택한 것입니다. 이 때문에 딤스데일은 정신적으로 더 힘들어했고, 칠링워스는 사악함만 가득한 삶을 살고 있습니다.

그러던 어느 날 딤스데일은 죄의식에서 비롯된 환영을 목격합니다. 자신의 딸인 펄이 헤스터의 주홍 글자와 자신을 번갈아 손으로 가리키는 모습이었습니다. 이를 견디다 못한 딤스데일은 헤스터가 공개 모욕을 당한 감옥 앞에 찾아가 기도하기 시작했고, 마침 그곳을 지나던 헤스터 모녀와 마주칩니다. 헤스터는 딤스데일의 모습을 보고 칠링워스가 그에게 정신적 공격을 가하고 있음을 알아차렸습니다. 헤스터는 곧장 칠링워스를 찾아가 이제 그를 용서하고 정체를 밝혀달라고 부탁합니다. 하지만 칠링워스는 그녀의 부탁을 거절했습니다. 얼마 후 헤스터는 딤스데일을 만나 칠링워스의 정체를 말해줍니다. 그러고는 딤스데일과 함께 유럽으로 떠나기로 합니다. 그리고 예정되어 있던 목사로서의 마지막 설교를 마치고 떠날 계획을 세웁니다.

하지만 미리 계획은 알아버린 칠링워스의 방해로 유럽행은 무산되었고, 그대로 지역 축제에서 마지막 설교를 맞이합니다. 결국 딤스데일은 설교를 듣기 위해 모인 많은 사람 앞에서 죄를 고백합니다. 그러고는 사망합니다. 칠링워스 또한 평생 계속하려던 복수의 대상이 사라지자 급격히 건강이 나빠졌고 자신의 재산을 펄에게 상속한다는 유언을 남기고 사망합니다. 갑자기 많은 재산이 생긴 헤스터와 펄은 영국으로 떠났고 많은 시간이 흐릅니다.

영국으로 건너간 헤스터는 자신이 살던 바닷가 오두막으로 돌아왔습니다. 그러고는 스스로 자신의 가슴에 주홍 글자 장식을 달고 불행한 여성들의 고통을 덜어주는 일에 헌신하는 삶을 삽니다. 이곳에 펄은 함께 오지 않았습니다. 그로부터 조금 더 시간이 지나 눈을 감은 헤스터는 딤스데일의 묘지와 약간의 거리를 둔 곳에 묻혔고, 그녀의 묘비에는 글자 A가 새겨졌습니다.

작가인 너새니얼 호손은 1804년에 미국 매사추세츠주 세일럼에서 태어났습니다. 선장이었던 아버지는 그가 7세 때 병으로 사망했고, 이후 외삼촌이 양육했습니다. 호손에게는 굉장히 유명한 친구가 있습니다. 학창 시절에 사귄 프랭클린 피어스(Franklin Pierce, 1804~1869)라는 친구입니다. 그는 이후 미국 제14대 대통령이 되었습니다.

호손의 집안은 독실한 청교도 가정이었습니다. 이는 《주홍 글자》를 비롯한 호손의 작품에 많은 영향을 주었습니다. 그는 성장 과정에서 청교도의 엄격함과 금욕주의에 대한 의문, 청교도인의 이중성과 같은 부정적 시선을 갖게 되었습니다. 이에 종교적 이상주의자들이었던 청교도인들이 사실은 상당히 비인간적이었다는 사실을 《주홍 글자》를 통해 고발했습니다. 즉, 작가는 19세기 미국의 도덕적 완벽주의자들을 비판한 것입니다.

호손은 24세가 되던 1828년, 자신의 대학 시절 경험을 바탕으로 첫 소설을 발표했지만 주목받지는 못했습니다. 졸업 후에도 어머니 집에 머물며 문학 활동을 이어가던 그는 38세에 결혼했고, 이후에는 펜을 내려놓고 세무서에서 일했습니다. 그런데도 경제적으로는 어려움이 있었고, 세무서에서도 오래 일하지 못하고 해고당했습니다. 그즈음 "그간 가족을 위해 고생했으니 다시 글을 써봐요"라는 아내의 격려로 다시 펜을 든 그는 몇 년 후 《주홍 글자》를 발표했습니다.

얼마 후 그는 미국 대통령에 당선된 친구 프랭클린 피어스에 의해 리버풀 영사로 임명되었습니다. 영국으로 건너간 그는 영사직을 마친 후 유럽을 여행하며 시간을 보내다, 1864년 59세의 나이로 세상을 떠났습니다.

돈과 계급만으로 인간을 구분한 남자

찰스 디킨스 《위대한 유산》

《위대한 유산》은 영국 작가인 찰스 디킨스(Charles Dickens, 1812~1870)의

후기 대표작으로 인정받는 작품입니다. 산업혁명으로 눈부신 발전을 이룩한 19세기 당시, 런던의 화려함 뒤에 감춰진 하층민들의 삶과 지배계층의 비인간적인 면을 날카롭게 풍자합니다.

주인공인 '핍'은 부모님이 모두 돌아가신 후 누나 부부의 집에 얹혀사는 9세 소년입니다. 그런데 이 누나가 상당히 난폭합니다. 수시로 핍을 구박하고 매를 듭니다. 그런데도 핍이 집안에서 버틸 수 있는 이유는 대장장이인 매형 '조'가 늘 자신을 따뜻하게 대해주었기 때문입니다.

크리스마스를 앞두고 부모님의 묘지를 찾은 핍은 그곳에서 살벌한 외모의 탈옥수를 만납니다. 탈옥수는 핍에게 족쇄를 자를 줄칼과 음식을 가져오라고 하고, 몇 마디 이야기를 주고받았습니다. 그러다가 탈옥수는 도망쳤고, 곧 체포되었습니다.

얼마 후 핍에게 누나의 매질을 피할 방법이 생깁니다. 바로 마을에서 가장 부유한 '미스 해비셤'의 저택에 들어가 일을 하며 살 기회가 생긴 것입니다. 부푼 마음으로 그녀의 저택인 새티스 하우스에 입성한 핍은 말로만 듣던 그녀의 양녀, '에스텔라'와도 만나게 되었습니다. 하지만 두 여성모두 평범한 인물은 아니었습니다.

하얀 신부 드레스를 입은 할머니(?)

입에 걸레를 물고 있는 예쁜 여자아이(?)

핍은 이곳에서 지내는 동안 저택에 드나드는 친척들을 보며 여태껏 본 적 없던 화려하고 단정한 상류층의 삶을 보게 됩니다. 동시에 상류층의 속물근성도 목격했습니다. 핍은 자신이 그들과 다른 신분이라는 것을 뼈저리게 느낍니다. 그래서 자신도 신사가 되고 싶다는 꿈을 가집니다. 동시에 또래 여자아이인 에스텔라를 마음에 품었습니다.

시간이 흘러 핍은 저택에서 나왔고 장래 희망과 달리 매형의 대장간에서 일하게 됩니다. 그때 재거스라는 변호사가 찾아와 핍이 어느 부자의 막대한 유산을 상속받게 되었다는 소식을 전합니다. 단, 런던으로 건너가 신사 수업을 들어야 한다는 조건이 있습니다. 핍은 큰 고민 없이 런던행을 결정합니다. 신사가 되겠다는 장래 희망을 이룰 수 있게 되었다는 꿈에 부푼 것입니다.

핍은 정체를 밝히지 않은 유산 상속자가 미스 해비셤일 것이라 짐작합니다. 아무래도 에스텔라와 짝을 지어주려는 것 같다는 상상에 들떠있습니다. 핍은 하루빨리 신사가 되고 싶은 마음에 귀족이나 부자들과 어울리며 신사로 거듭나려 합니다. 하지만 화려하고 단정한 신사의 모습이 아닌 그들의 속물근성만 배우고 있을 뿐입니다. 매형이 런던으로 찾아와도 창피하다며 냉대합니다.

그즈음 유럽 대륙에서 숙녀 수업을 받고 돌아온 에스텔라가 런던살이에 합류합니다. 핍의 예상대로 미스 해비셤이 두 사람을 짝지어줄 계획일까요? 두 사람은 자주 왕래하며 신사·숙녀 수업을 이어갑니다. 하지만 이름만 신사, 숙녀일 뿐 둘은 가식뿐인 모습으로 상류층의 향락에 빠져 소비에만 열중했습니다. 사업을 시작한 핍은 욕망에 눈이 멀어 무턱대고 빚만 늘려가고 있습니다. 게다가 에스텔라는 핍이 아닌 다른 남자와 교제하고 있습니다.

시간이 지나 핍은 23세가 되었습니다. 그때 한 남자가 핍 앞에 모습을 드러냅니다. 그의 이름은 '매그위치', 어릴 적 부모님 묘지 근처에서 만났던 탈옥수입니다. 매그위치는 핍에게 충격적인 이야기를 털어놓습니다. 자신이 오래전 그 일(핍과 묘지에서 만났던 일)을 겪은 후 오스트리아로 유배되었고, 그곳에서 사업을 해 큰돈을 벌었다는 것입니다. 그리고 그 돈을 자신에게 은혜를 베풀어준 핍에게 상속하기로 했다는 것입니다. 핍은 충격에 빠졌습니다. 자신에게 상속된 재산이 상류층인 미스 해비셤의 재산이 아닌 탈옥수의 재산이라니…. 게다가 그는 여전히 도망자 신세입니다. 유배지에서 무단으로 귀국했기 때문에 체포되면 사형입니다.

핍은 일단 매그위치를 도주시키기로 했습니다. 하지만 결국 매그위치는 체포되어 감옥에서 죽었고, 핍에게 상속하려던 재산은 모두 몰수되었습니다. 게다가 에스텔라도 다른 남자와 결혼했습니다. 이제 핍에게 남은 것은 욕심으로 만들어낸 빚뿐입니다. 빚을 갚지 못하면 핍도 감옥에 가야 합니다.

핍은 온갖 스트레스를 견디다 못해 정신을 잃고 쓰러졌습니다. 얼마 후 의식을 회복한 핍의 곁에는 매형이 있습니다. 매형이 핍의 목숨을 구한 것입니다. 그렇지만 매형은 핍이 정신을 차리자 봉투 하나만 남기고 냉정하게 떠나버립니다. 그 봉투 안에는 핍의 모든 빚을 갚았다는 영수증이 들어 있었습니다.

핍은 생각합니다. 누나의 매질, 매형의 따뜻함, 미스 해비셤, 막대한 유산과 헛된 욕망, 에스텔라. 그리고 깨닫습니다. 결국 모든 것들이 자신을 신사가 아닌 인간으로 만드는 수업이었다는 것과 진정한 신사는 매형이라는 것을요. 핍은 타락한 자신을 반성하며 새로운 삶을 살겠다며 이집트로 떠났고, 그곳에서 재기에 성공합니다.

11년이 지난 어느 날, 핍은 진짜 신사의 모습으로 고향을 찾습니다. 그리고 이미 폐허가 된 새티스 하우스에서 미망인이 된 에스텔라와 재회합니다.

1812년에 영국에서 태어난 찰스 디킨스는 가난한 집안 사정 때문에 일찍부터 열악한 환경에서 돈을 벌어야 했습니다. 그는 이러한 경험과 성인이 되어 기자로 활동하며 접한 다양한 경험을 토대로 사회 비판적 작품을 주로 발표했습니다.

그는 기자로 활동하던 1836년에 단편집을 발표한 것을 시작으로 작품 활동을 시작해 《픽윅 클럽 여행기》, 《크리스마스 캐럴》 등을 통해 작가로서 입지를 다졌습니다. 집필 활동 외에 잡지사를 운영하기도 했습니다. 《위대한 유산》도 그가 직접 운영한 잡지사를 통해 연재되어 인기를 얻은 작품입니다.

'엄청난 유산'과 '위대한 유산'

이 작품의 원제는 《Great Expectations》입니다. 널리 알려진 한글 번역본 제목인 《위대한 유산》은 원제의 'Great'를 '위대하다'라는 의미로 해석한 것입니다. 일부 독자들은 'Great'의 해석을 '양이 보통 이상으로 큰', '많은', '엄청난'이라는 의미로 해석해 《엄청난 유산》 또는 《막대한 유산》으로 부르기도 합니다. 이 두 가지 해석의 차이는 작품의 중심을 핍이 매그위치로부터 물려받은 물질적 유산에 두는 것과 물질적 유산을 포기하면서 얻은 정신적 유산에 두는 것에서 찾을 수 있습니다.

과연, 핍이 '엄청난 유산'을 상속받았다면 진짜 신사가 될 수 있었을까요?

찰스 디킨스는 핍의 이야기를 통해 신사 계층의 민낯을 보여주며 독자에게 '신사가 되기 위해 필요한 것은 무엇인가?', '진짜 신사의 본질은 무엇인가?'라고 생각할 기회를 제공했습니다. 그리고 '나에게 위대한 유산은 무엇인가?'라는 질문을 던졌습니다.

엄청난 유산은 주인공에게 좋은 옷을 입게 해주고 우아함을 익히게 해주었지만, 내면까지 성장시키지는 못했습니다. 그렇지만 엄청난 유산이 없었다면 하층민인 대장장이 조의 행동과 위험을 무릅쓰고 영국으로 돌아온 탈옥수, 매그위치의 행동을 볼 수 없었을 것입니다. 그리고 '진정한 신사란 내면의 우아함을 갖춰야 한다'라는 내면의 성장에 도달하지도 못했을 것입니다. 이렇듯 엄청난 유산은 주인공의 내적 변화의 과정에 존재하는 것입니다. 가장 중요한 것은 내면의 성장입니다. 이 작품의 한글판 제목은 《위대한 유산》입니다. 아울러 우리에게 필요한 키워드는 '비겁하지 않은 유산'입니다.

잘 생기고 젊은 노인
오스카 와일드 《도리언 그레이의 초상》

《도리언 그레이의 초상》은 로버트 루이스 스티븐슨(Robert Louis Stevenson, 1850~1894)의 단편 《지킬 박사와 하이드 씨》와 함께 '인간의 이중성'을 드러내는 작품으로 자주 거론됩니다. 《도리언 그레이의 초상》은 영원한 젊음을 얻은 대가로 인간성을 상실해가는 청년의 이야기를 다루고 있습니다.

주인공 '도리언 그레이'는 지나가던 사람도 고개를 돌려 다시 볼 정도로 멋지고 아름다운 외모의 남성입니다. 그는 귀족 출신 신분에 완벽한 외모까지 갖추었음에도 특별함보다는 때 묻지 않은 순수함과 평범함에 익숙한 20세 청년입니다.

화가 '배질 홀워드'는 그림에 진심을 쏟아붓는 인물로 철두철미하고 냉정한 성격의 소유자입니다. 그는 도리언 그레이의 멋진 외모에 감탄해 초상화를 그리기로 했습니다. 그리고 자신이 가진 예술적 재능을 총동원해 '도리언 그레이의 초상화'를 완성합니다.

'헨리 워튼'은 아름다움과 쾌락을 최고의 가치라 여기는 인생관을 가진 인물입니다. 화가 배질 홀워드와 친구 사이인 그는 초상화를 통해 도리언 그레이와 인연이 닿아 가깝게 지내는 사이가 되었습니다. 헨리 워튼은 도리언 그레이와의 대화를 통해 그가 멋진 외모를 자각하기는커녕 오히려 모델 일을 지루해한다는 것을 알게 되었습니다. 그래서 화려한 언변을 동원해 젊음에 관한 찬양을 늘어놓기 시작합니다.

도리언 그레이는 헨리 워튼의 젊음에 관한 찬양과 미술·음악 등 온갖 아름다운 것과 사냥 등의 쾌락을 즐기며 사는 모습에 매력을 느꼈습니다. 그리고 결국 자신의 아름다운 외모와 젊음에 흠뻑 빠져들어 쾌락을 추구하는 삶을 살겠다고 결심했습니다. 그러자 젊고 건강하고 아름다운 것은 한순간에 불과하다는 생각에 슬픔에 빠져듭니다. 초상화 속 자신의 모습과 달리 현실의 자신은 시간과 함께 아름다움을 잃어갈 것이라 괴로워하며 소원을 빕니다.

"나는 항상 젊은 채로 있고 이 그림이 나 대신 늙어 가면 좋을 텐데. 그럴 수만 있다면 뭐든 다 바칠 수 있는데! 그래. 그럴 수만 있다면 내 영혼이라도 줄 수 있는데!"

도리언 그레이는 이후 영원한 육체적 쾌락을 향유겠다 마음먹습니다. 그리고 상류층의 점잖음과 은밀한 쾌락의 탐닉이라는 이중적 삶을 살아갑니다. 그러던 어느 날, 우연히 찾은 공연장에서 셰익스피어의 희곡을 공연하는 '시빌 베인'이라는 여배우에게 반해버렸고, 그녀와 결혼까지 약속합니다. 도리언 그레이는 시빌 베인이 배역을 완벽하게 소화하는 모습에 반한 것이고, 시빌 베인은 도리언 그레이의 완벽한 외모에 반한 것입니다.

도리언 그레이는 헨리 워튼과 배질 홀워드에게 그녀의 넘치는 재능을 자랑했고 함께 공연을 관람하러 갑니다. 하지만 시빌 베인은 이전보다 훨씬 못한 수준의 형편없는 연기를 보여주고 맙니다. 시빌 베인은 도리언 그레이를 사랑한 이후로 연기에 집중할 수 없었다고 합니다. 무대 위에서 누군가를 사랑하는 척 연기하는 것이 진짜 사랑에 대한 모독이라는 생각이 들었기 때문이라고 합니다. 그렇지만 도리언 그레이는 그녀를 이해해주지 않습니다. 완벽한 연기를 보여주는 그녀에게 반했던 그는 "그 연기가 없으면 넌 아무것도 아니야"라고 화를 내며 헤어지자고 말하고 자리를 떠났습니다. 그날 밤 그녀는 스스로 목숨을 끊습니다.

도리언 그레이는 자신의 행동이 너무 심했다는 후회를 하며 다시 그녀를 만나러 갈 준비를 합니다. 그러던 중 그녀의 자살 소식을 듣게 되고, 그 순간 초상화 속 자신의 얼굴에서 잔혹한 미소를 발견합니다. 그의 소원이 이루어진 것입니다. 초상화 속 자신이 현실의 자신을 대신하게 된 것이죠. 현실에서 쾌락을 위해 추악한 행동을 저지르더라도 그의 외모는 변치 않습니다. 대신 초상화 속 얼굴이 점점 추한 모습으로 변해갈 뿐입니다. 처음 이 사실을 알게 된 그는 자신이 내뱉은 말을 후회했습니다. 하지만 아름다움과 쾌락의 인도자와도 같은 헨리 워튼의 언변에 휩쓸려 쾌락을 추구하는 삶을 이어갔고, 그렇게 18년이 흐릅니다.

여전히 도리언 그레이는 20대의 아름답고 멋진 외모를 유지하고 있습니다. 그렇지만 겉모습과 달리 마음은 불안으로 가득합니다. 그즈음 초상화를 그린 배질 홀워드가 찾아옵니다. 도리언 그레이는 그를 비밀스러운 장소로 안내했고, 그곳에서 추악하게 변해있는 초상화를 보여줍니다. 배질 홀워드는 지금이라도 그동안의 잘못을 참회하고 다시 소원을 빌어보자고 말합니다. 하지만 도리언 그레이는 오히려 그를 원망하며 그림 칼로 그를 찔러 살해합니다.

결국 살인까지 저지르게 된 도리언 그레이는 배질 홀워드의 사체를 처리하는 과정에서 또다시 살인을 저지르고 더욱 깊은 타락의 길로 들어서게 됩니다. 그러다 그동안의 행적으로 인해 나빠진 평판과 마음 속 불안으로 인해 도리언 그레이는 도시를 떠나 시골로 거처를 옮깁니다. 그리고 그곳에서 젊고 아름다운 여성과 사랑에 빠집니다. 그녀의 이름은 '헤티 머튼', 시빌 베인과 외모가 닮은 미인이고 매우 고운 심성을 가졌습니다. 도리언 그레이는 자신이 그녀를 사랑한다는 것에 양심의 가책을 느낍니다. 결국 그녀를 위해 할 수 있는 것은 그녀와 헤어지는 것이라며 관계를 정리해버리고 말았습니다.

그러고는 이번에는 좋은 일을 했으니 혹시라도 좋은 모습으로 변해있지는 않을까 하는 기대를 하며 초상화를 확인합니다. 하지만 초상화는 변함없이 추악한 모습입니다. 실망한 도리언 그레이는 자신의 죄악이 담긴 그림을 없애겠다며 칼로 초상화를 찢어버렸습니다. 그림이 찢기는 순간 누군가의 고통스러운 비명 소리가 들립니다.

잠시 후 그곳을 찾아온 경찰관이 칼에 가슴을 찔려 사망한 노인을 발견합니다. 노인의 손에 끼워진 반지는 그가 도리언 그레이임을 확인시켜 주었습니다. 그리고 그의 옆에는 아름답고 멋진 젊은 시절이 그려진 초상화가 있었습니다.

도리언 그레이 증후군(Dorian Gray syndrome)

주인공은 자신의 젊은 모습이 담긴 초상화를 보면서 '초상화가 대신 늙어주었으면 좋겠다'라는 기도를 합니다. 정신의학계에서는 이렇게 자신이 나이 들어가는 것을 받아들이지 못하고 젊음에 집착하는 정신질환을 '도리언 그레이 증후군'이라고 부릅니다.

퀸즈베리 사건

작가인 오스카 와일드(Oscar Wilde, 1854~1900)는 1854년에 아일랜드 더블린에서 태어났습니다. 그는 영국 여왕의 주치의 중 한 명이자 고고학과 민속학 연구가인 아버지와 민족 운동가이자 여성 운동가인 어머니 사이에서 태어나 풍족한 유년기를 보냈습니다. 대학 졸업 후 20~30대에는 극작가, 시인, 소설가로 활동하며 문학가로서 명성을 떨쳤습니다. 그러나 안타깝게도 그는 빠른 속도로 몰락의 길로 접어들어 초라한 모습으로 세상을 떠났습니다.

오스카 와일드는 '빅토리아 시대'라 불리는 영국이 풍요로웠던 시대의 문화와 우아함, 철학적 사유까지 다양한 면모를 다룬 작품들을 통해 주목받았습니다. 그러나 그는 자신의 유일한 장편 소설인 《도리언 그레이의 초상》의 출간과 함께 소설에 동성애적 묘사를 담았다는 큰 비난을 마주했습니다. 작품에 어떤 직접적인 묘사나 암시는 없지만 '남성이 느끼는 남성의 아름다움'이라는 설정에 대해 불쾌감을 드러내는 이가 많았기 때문입니다.

오스카 와일드는 《도리언 그레이의 초상》 서문을 통해 이 작품이 탐미주의 성격의 작품임을 강조했지만, 사람들은 그 말을 그대로 받아들이지 않았습니다. 작중에 등장하는 헨리 워튼의 인생관만을 생각한다면 충분히 탐미주의, 쾌락주의 등과 연결 지을 수 있습니다. 하지만 워낙 작가의 개성이 강하게 드러난 탓에 사람들은 헨리 워튼을 오스카 와일드의 분신이

라고 받아들였습니다. 《도리언 그레이의 초상》은 오스카 와일드에게 성공
과 실패를 동시에 안겨준 작품입니다.

오스카 와일드의 몰락은 '퀸즈베리 사건'이라 불리는 스캔들에서 시작합
니다. 오스카 와일드는 지금까지도 명언으로 통하는 멋진 말을 많이 남겼
을 정도로 언변이 좋았습니다. 그런데다 180센티미터가 넘는 훤칠한 키에
남다른 패션 감각까지 지녀 영국 사교계에서 서로 모시려 경쟁했던 인물
입니다.

그런 그가 30대 중반을 넘어섰을 즈음, 그가 물심양면으로 지원하는 16
세 연하의 남자 대학생인 '앨프리드 더글러스'와 스캔들이 납니다. 결혼도
했고 아이도 둘이나 있던 오스카 와일드가 나이 어린 대학생을 지원한다
는 것은 전혀 이상하게 받아들일 일이 아닙니다. 그렇지만 그가 동성애자
라는 이유로 상황은 다르게 전개됩니다.

동성애자인 오스카 와일드는 이성과의 정상적인 결혼 생활을 유지하기
가 어려웠습니다. 그즈음 앨프리드 더글러스와 사랑을 나눈 것이죠. 하지
만 두 사람의 관계를 오직 사랑이라는 단어만으로 표현하는 것은 적절치
않습니다. 사치와 향락, 오해와 질투가 뒤범벅된 관계였기 때문입니다.

결국 이 사실을 알게 된 더글러스의 아버지인 퀸즈베리 후작은 수치심
을 느끼며 오스카 와일드를 고소했습니다. 이로 인해 오스카 와일드의 사
생활이 세상에 공개된 것입니다. 오스카 와일드는 어린 남자를 유혹하고
타락하게 만들었다는 죄로 2년 형을 받아 감옥에 수감되었습니다. 그리고

형기를 마친 그는 영국에서 추방당해 프랑스에서 살게 되었습니다. 이후로도 연이은 법정 다툼에 휘말리며 그동안 쌓은 명성과 재산이 무너졌고, 그는 결국 1900년에 46세의 나이로 프랑스에서 생을 마감했습니다.

비겁함이 도착하는 곳

비겁함이 후회로 연결된 사례 즉, 비열하고 겁이 많은 이들의 행동은 후회로 연결되었습니다. 소설 《주홍 글자》는 죄와 도덕에 관해 갈등하는 인간의 모습을 보여줍니다. 물론 지금 사회에서도 기혼 여성이 다른 남성과 사랑을 나눠 아이를 낳았다는 것을 용납하는 분위기는 아닙니다. 하지만 작품의 배경인 청교도 사회에는 목숨을 내놓아야 할 만큼 엄격한 도덕관념이라는 조건이 더해집니다.

《주홍 글자》는 선과 악을 구분하기 어려운 작품입니다. 헤스터의 전 남편은 한 사람을 괴롭힌 가해자인 동시에 아내를 빼앗긴 피해자이기도 합니다. 게다가 마지막 순간에 친딸도 아닌 펄에게 유산을 남기는 모습을 보면 선악을 구분하는 것이 더 어려워집니다. 딤스데일 또한 괴롭힘의 피해자인 동시에 남의 아내를 빼앗은 가해자입니다.

우리도 선인지 악인지 구분하기 어려운 존재인 것은 마찬가지입니다. 누군가에게는 선, 누군가에게는 악이기 때문입니다. 이 책의 앞부분에서 타인에게는 내가 이해할 수 없는 사람이 아닐지 생각해보자고 했던 것과 같은 맥락입니다.[40] 모든 인간은 자신만의 이야기를 가지고 있습니다. 단편적인 모습만 보면 선악은 어렵지 않게 구분됩니다. 하지만 한 단계 더 들어가는 순간 선악의 구분은 어려워집니다. 그리고 상대방이 가진 이야기를 알아가는 단어는 대부분 '알고 보니'로 시작합니다. 몰랐다는 것입니다.

자식이 보는 앞에서 남편을 목 졸라 살해한 아내 → 악

알고 보니, 자식을 죽이려는 남편을 제압했다. → ?

알고 보니, 수십 년간 가정폭력에 시달렸다. → ?

알고 보니, 남편이 든 생명보험이 여러 개 있었다. → ?

몰랐던 이야기를 알게 되면 상황은 반전됩니다. 이 사람은 이래서 나쁘다, 이 사람은 이래서 좋다. 그런데 알고 보니 사연이 있더라. 이렇듯 선과 악에 대한 평가는 절대적일 수 없습니다. 내가 선이라고 주장해도 타인에게는 악일 수 있습니다. 그래서 인간을 비난하거나 신뢰하는 것에 신중해야 합니다. 그 인간에는 우리도 포함되기 때문입니다. 특히 도덕이라는 방패 뒤에 숨어 타인의 삶을 함부로 비난하는 폭력과 다수의 주장에 숨어 소수를 비난하는 폭력은 알고 보니 조차 건너뛴 비겁한 폭력입니다. 비겁함은 반드시 주홍 글자가 되어 돌아옵니다. 우리가 억울함이라는 단어를 언제 사용하는지 생각해야 합니다.

---

40 "chapter 2 세상의 모양 – [존중] 존중 없이 존중을 원하는 곳" 참고

이 작품을 통해 주로 언급되는 것은 죄와 도덕, 여성의 지위, 죄와 죗값에 관한 해석입니다. 하지만 이보다 앞서 생각해봐야 할 것은 개인의 판단입니다. '만약'이라는 가정은 소설 작품을 읽는 재미 중 큰 부분을 차지합니다. 이는 소설을 통해 통찰에 도달하는 가장 빠른 방법이기도 합니다.

'만약, 칠링워스가 죄의식으로 고통받는 딤스데일의 모습을 보고 용서했다면?'
'만약, 딤스데일이 처음부터 죄를 고백했다면?'

헤스터가 영국으로 떠났다가 다시 보스턴으로 돌아온 것 또한 후회에서 비롯된 행동입니다. 후회가 남겨진 장소로 돌아와 선한 일을 행하며 지난 기억을 덮어보려 한 것이죠. 작품 속 주요 인물들의 공통점은 모두 비겁했다는 것입니다. 숨기려 했고, 부정하려 했고, 거짓말을 했습니다. 그리고 결국, 마주한 것은 후회였습니다.

《위대한 유산》의 핍, 《도리언 그레이의 초상》의 도리언 그레이, 작가 오스카 와일드도 자신의 행동이 비겁하다는 것을 알고 있었습니다. 그런데도 필요를 앞세워 비겁함을 합리화했고 모두 후회를 마주했습니다. 우리에게 필요한 것은 좋음을 재정의하는 것입니다. 알면서도 모르는 척한 책임은 모두 자신이 짊어져야 합니다.

교훈 없이 즐기는 시간 2

블라디미르 나보코프 《롤리타》

소설 《롤리타》는 러시아 출신의 미국 소설가인 블라디미르 나보코프 (Vladimir Nabokov, 1899~1977)가 1955년에 낸 작품입니다. '열두 살 소녀를 향한 중년 남자의 사랑과 욕망' 즉, '소아성애자'의 이야기를 소재로 다룬 작품으로 출간 당시뿐만 아니라 현재까지도 '문제작'이라는 꼬리표가 붙습니다. 출간 이후 50년간, 5,000만 부라는 엄청난 판매 기록을 가진 세계 적인 베스트셀러입니다.

예술과 외설의 경계에 걸쳐 있는 《롤리타》는 세상에 나오기까지 우여곡 절이 많았던 작품입니다. 작가가 초고를 완성해 미국에 있는 출판사 네 곳에 보냈지만 모두 출판을 거절당했습니다. 결국 외설 문학으로 유명한 프랑스 출판사 '올랭피아'를 통해 어렵게 초판을 출간했습니다.

여기서 끝이 아닙니다. 이 책은 출간과 동시에 예술이냐 외설이냐라는 논란에 휩싸였습니다. 결국 유럽과 미국에서는 판매 금지 조치가 내려졌고, 재판을 통해 어렵게 판매 금지를 해제하는 시련을 겪었습니다. 동시에 이러한 사정으로 인해 독자들의 궁금증이 증폭되어 빠른 속도로 베스트셀러에 이름을 올리게 되었습니다.

작가인 블라디미르 나보코프는 1899년에 러시아 상트페테르부르크의 귀족 명문가에서 태어났습니다. 나보코프는 유복했던 가정환경 덕에 수준 높은 교육을 받으며 성장할 수 있었습니다. 그는 러시아어는 물론이고, 영어, 프랑스어까지 능통했습니다. 1917년 러시아의 볼셰비키혁명으로 인해 영국으로 망명했고 그곳 대학을 다니며 문학을 공부했습니다. 이후 독일을 거쳐 프랑스로 이주한 그는 1940년에 자신의 첫 번째 영문 소설인 《서배스천 나이트의 진짜 인생》을 출간하고 미국에 이민했습니다. 그리고 이때부터 영문 작가로서의 삶을 시작했습니다. 미국 대학에서 강의하며 지내던 그는 《롤리타》로 인해 명성을 얻어 경제적으로도 풍족해졌습니다. 이후로는 강의를 그만두고 창작 활동에만 전념했다고 합니다.

이 소설은 '험버트 험버트'라는 남성이 쓴 수기(手記)를 바탕으로 진행

됩니다. 그는 1910년 프랑스에서 태어났습니다. 그는 사춘기에 접어드는 10대 초반에 '애너벨'이라는 또래 여자아이를 만나 호감을 느낍니다. 둘은 이내 격렬한 욕망에 사로잡혀 서로의 몸을 더듬는 격앙되는 경험을 하게 되었습니다. 그렇지만 안타깝게도 애너벨은 얼마 후 병으로 사망합니다. 이 사건으로 큰 충격을 받은 험버트는 좌절감을 느꼈습니다. 그리고 평생 애너벨을 동경하며 그녀와 비슷한 여성(10대 초반의 여성)만을 찾는 소아성애 성향을 지니게 되었습니다.

시간이 지나 성인이 된 험버트는 대학 졸업 후에 프랑스의 한 도시에서 교사로 일하게 됩니다. 소아성애자인 험버트는 10대 초반의 여자아이 중 자신의 성적 취향과 어울리는 아이들에게 '그리스 로마 신화'에 나오는 요정인 '님프(Nymph)'를 변형한 단어인 '님펫(Nympet)'이라는 별명을 붙여놓고 아이들을 관찰하는 재미에 빠져있습니다.

그는 성인 여성에게는 관심이 없는 정도를 넘어 혐오를 느끼는 수준입니다. 그런데도 자신의 성적 취향을 감추기 위해 '발레리아'라는 여성과 결혼했습니다. 당연히 결혼 생활은 순탄치 못했습니다. 그즈음 깜짝 놀랄 소식이 험버트에게 전해집니다. 미국에서 향수 사업을 하던 이모부가 자신에게 꽤 큰 규모의 유산을 남겼다는 소식입니다. 단, 유산을 받기 위해서는 미국에서 살아야 한다는 조건이 있습니다. 하지만 험버트의 고민은 길지 않았습니다. 마침 다른 남성과 외도 중이던 아내 발레리아가 먼저 이별을 고했기 때문입니다.

험버트는 이혼 후 미국으로 건너가 이모부의 사업에 관여합니다. 그렇지만 얼마 못 가 신경쇠약으로 정신병원에 입원합니다. 1년이 넘는 기간을 병원에서 지내고서야 퇴원하게 된 그는 '램스데일'이라는 소도시로 거처를 옮겨 하숙을 시작합니다. 그 하숙집의 주인은 '샬럿 헤이즈'라는 과부로 '돌로레스 헤이즈'라는 열두 살 딸을 키우고 있습니다. 험버트의 성적 취향과 딱 맞아떨어지는 '님펫'을 만난 것입니다.

험버트는 돌로레스에게 '롤리타'라는 별명을 붙여놓고 푹 빠져 지내게 됩니다. 롤리타 또한 험버트를 잘 따랐습니다. 물론 사랑의 감정이 아닌 아이로서 어른에게 의지하려는 감정이었죠. 그렇지만 험버트는 롤리타를 오직 성적 대상으로만 생각하고, 언제든 자신의 욕망을 이룰 틈만 찾습니다. 그즈음에 엄마 샬럿이 롤리타를 여름 캠프에 보내고는 험버트에게 사랑을 고백합니다. 험버트는 성인 여성에게 관심이 없는데 말입니다. 그런데도 험버트는 그녀와 결혼합니다. 조금 더 자유롭게 롤리타에게 접근할 수 있는 롤리타의 아빠라는 자격을 탐낸 것입니다. 하지만 얼마 못 가 그 욕망을 샬럿에게 들켜버립니다. 자신의 상상과 욕망을 적어놓은 일기장을 샬럿이 우연히 읽게 된 것입니다. 충격을 받은 샬럿은 곧바로 집을 나가버립니다. 하지만 안타깝게도 문을 나서자마자 교통사고로 사망해버리고 말았습니다.

험버트는 캠프로 찾아가 롤리타를 데리고 나옵니다. 그러고는 엄마가 사망했다는 사실을 말하지 않고 호텔에서 첫 번째 성관계를 합니다.

그런데 험버트의 생각과 달리 롤리타는 이미 캠프에서 만난 남자아이와 성관계를 경험한 상태였습니다. 험버트는 그제야 엄마 샬럿이 죽었다는 사실을 롤리타에게 알리고, 함께 미국 여기저기를 돌아다니기 시작합니다. 이 과정에서 험버트는 롤리타에게 더욱 깊이 빠져들어 집착을 보이기에 이릅니다.

이들은 1년여간 계속된 여행을 잠시 멈추고 '비어즐리'라는 마을에 정착합니다. 험버트는 그곳에서 롤리타를 엄격하게 단속하며 학교에 입학시킵니다. 하지만 1년도 못 가 두 사람은 비어즐리를 떠나 다시 여행길에 오르기로 합니다. 그런데 갑자기 롤리타가 고열 증세를 보이는 바람에 병원에 입원했고, 롤리타는 병원에서 도망쳐버렸습니다. 게다가 남자랑 도망갔다고 합니다. 험버트는 미친 듯 롤리타를 찾아다닙니다. 그렇게 4개월 정도가 지났을 때 험버트는 '리타'라는 성인 여성을 만나 동거를 시작합니다.

2년여가 지난 어느 날, 험버트는 롤리타로부터 편지를 받게 됩니다. 편지에는 자신이 결혼했다는 소식, 그리고 돈이 필요하다는 부탁이 쓰여 있습니다. 험버트는 한걸음에 달려가 임신해서 배가 불룩한 롤리타를 목격했고 그동안의 이야기를 듣습니다.

롤리타는 비어즐리에서 잠시 다녔던 고등학교에서 연극에 관심을 두게 되었다고 합니다. 그렇게 알게 된 '퀼티'라는 남자와 병원에서 도망을 친 것입니다. 험버트는 롤리타가 한동안 퀼티에게 농락만 당하다가 임신한 상태로 버려졌고, 지금은 다른 남자와 살고 있다는 이야기를 듣습니다.

이에 험버트는 피가 거꾸로 솟을 만큼 분노했습니다.

그렇지만 우선 롤리타에게 돈을 쥐여주면서 함께 떠나자는 제안을 했습니다. 하지만 롤리타는 오직 돈만 원할 뿐입니다. 절망에 휩싸인 험버트는 퀼티를 찾아가 총으로 살해합니다. 그러고 도망치던 길에 경찰에 체포되고, 두 달여 만에 감옥에서 병으로 사망합니다. 험버트가 죽은 지 한 달여가 지났을 즈음 롤리타도 아이를 낳다가 사망합니다.

chapter 5

결국, 당신의 자유

나는 나로 존재합니다. 나는 스스로 생각하고 행동합니다. 지금껏 우리는 좋음을 새롭게 정의했고, 각자의 개성을 존중하는 시선의 평등을 통해 나를 위한 이기적 평등과 나만의 질서를 만들어 버티기로 했습니다. 우리는 이 모든 것의 판단 기준을 동심(童心)으로 설정했습니다.

그렇다면 동심은 어떻게 만들어졌을까요? 우리가 아이들에게 가르치는 것들은 무엇을 기본으로 할까요? 바로 사회입니다. 이는 《데미안》을 통해 알아본 공존과 같은 개념입니다. 사회를 이룬 인간들은 그 안에서 도덕과 법률을 만들어 살고 있습니다. 우리가 말하는 동심은 우리가 사회를 이루고 있음을 전제한 개념입니다. 그렇기에 시선의 평등, 나를 위한 이기적 평등, 나만의 질서 또한 사회라는 범위 안에 존재합니다.

사회 안에서 우리는 자유롭기를 원합니다. 자유롭지 못해서 원하는 것이 아닙니다. 이미 모든 자유를 누리고 있음에도 더 자유롭고 싶을 뿐입니다. 우리가 원하는 자유라는 것은 내가 있어야만 존재할 수 있는 개념입니다. 내가 없다면 그 어떤 것도 존재할 수 없습니다. 동심, 질서, 사회 그리고 세상에 존재하는 모두는 '나의 존재'에서 비롯되었습니다. 모든 것을 존재하게 만든 당신이 곧 자유입니다.

#자유
자유의 울타리

자유는 외부적인 구속이나 무엇에 얽매이지 않고 자기 마음대로 할 수 있는 상태를 말합니다. 지금 우리는 행동도 생각도 자유롭게 할 수 있습니다. 그렇기에 남의 말, 세상의 말에 얽매이지 않겠다는 생각도 할 수 있고, 비교로부터 자유로워질 것이라는 희망도 품을 수 있습니다.

단, 그 자유에는 한도 설정이 필요합니다. 사회라는 울타리를 벗어나지 않아야 한다는 조건입니다. 그리스의 작가 니코스 카잔차키스가 1946년에 발표한 소설 《그리스인 조르바》에는 사회라는 울타리를 벗어난 자유를 추구한 인물의 이야기가 담겨있습니다. 이를 통해 사회라는 울타리 안에서의 자유에 대해 생각해 보겠습니다.

울타리를 넘나드는 아저씨

니코스 카잔차키스《그리스인 조르바》

이야기는 제목에 등장하는 이름인 '조르바'라는 인물을 중심으로 진행됩
니다. 그렇지만 정작 주인공은 조르바가 아닌 '나'라는 1인칭 화자입니다.
나는 30대 남성입니다. 경제적으로 풍족한 집안에서 태어났습니다. 어느
정도로 풍족했는지 그리스 지도와 함께 살펴보겠습니다.

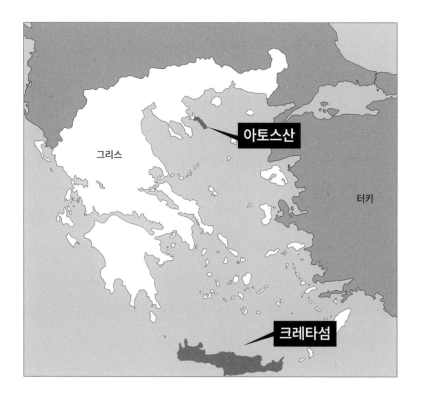

그리스는 북쪽에 본토가 있고 남쪽에 본토와 떨어져 있는 크레타섬이 있습니다. 이 섬은 오스만제국 시절에 지금의 튀르키예가 지배하던 섬이고, 여러 차례 소유권을 두고 다투는 전쟁이 벌어진 곳입니다. 주인공은 유산으로 이 크레타섬을 상속받았습니다.

그는 상속받은 섬을 개발해 돈을 벌어들일 생각으로 섬으로 향합니다. 주인공은 내향적 성격을 가졌고, 지식인입니다. 작품에서는 그를 책벌레라 깎아내리는 표현이 등장하는데요. 우리가 일상에서 종종 사용하는 먹물이라는 표현과도 일맥상통합니다. 고루한 성격, 모든 일에 자신이 알고 있는 지식만 대입하는 타입, 상황이 어떻게 전개되건 철저히 계획대로만 일을 진행하는 답답함 등을 비꼬는 것입니다.

그런 그가 섬으로 가는 배를 타기 위해 항구에 도착해서 한 남성을 만났으니 그가 바로 조르바입니다. 이름은 알렉시스 조르바, 60대 남성으로 야생마가 떠오르는 외모를 가진 인물입니다. 그는 즉흥적으로 행동하고, 일을 저지르고도 금방 잊어버리고, 활발하고, 말도 아무렇게나 뱉는 등 주인공과는 반대되는 성향을 지녔습니다.

조르바는 주인공으로부터 그가 크레타섬에 들어가 광산을 개발해 돈을 벌겠다는 이야기를 듣습니다. 이에 조르바는 자신도 지금까지 살아오면서 많은 경험을 했지만 아직 성에 차지 않는다면서 최근에 광산에서 일한 경험을 설명하며 광산[41] 개발을 돕겠다고 말합니다.

"날 데려가시겠소?"

"까짓것, 날 요리사라고 치죠. 난 수프를 만들 수 있어요."

"닥치는 대로 하죠. 발로도 하고 손으로도 하고 머리로도 하고…"

"난 광산에서 일했지요. 이래 봬도 괜찮은 광부랍니다."

조르바와 대화를 나눈 주인공은 금세 마음을 열었습니다. 그리고 조르바에게 인부를 감독하는 일을 맡기며 함께 섬으로 건너가기로 합니다. 이때부터 조르바는 주인공을 '두목'이라고 부릅니다.[42]

크레타섬에 도착한 두 사람의 처음 상황은 완전히 달랐습니다. 내성적인 성격의 주인공은 낯선 곳에서 여러 감정이 교차했습니다. 어떻게 지내야 할지, 사람을 어떻게 모아야 할지, 적응하기 위해 무엇을 해야 할지. 반면 조르바는 복잡한 생각은 하지 않고 우선 섬에 사는 과부를 찾아 나섰습니다. 야생마 같은 외모, 화려한 언변, 외향적인 성격까지 사람들과 어울리기 좋은 자신만의 스타일을 유감없이 발휘하기 시작한 것입니다. 덕분에 '오르탕스'라는 과부를 소개받아 가까워졌고, 그녀가 운영하는 여관에

---

41 광산은 '갈탄 광산'이다. 이 작품이 갈탄 광산으로 돈벌이가 잘 되던 때인 제1차 세계대전 시기를 배경으로 하기 때문이다. 전쟁에 연료가 많이 소비되었고, 석탄의 부족함을 갈탄으로 채웠다.

42 번역에 따라 '보스'라고 부르기도 한다.

주인공과 함께 머무르기로 합니다.

조르바가 사람들과 어울리는 데 도움이 된 것은 그의 성격뿐만이 아닙니다. 그가 분신처럼 지니고 다니는 악기 산투르의 역할도 컸습니다. 산투르는 조그만 망치나 채로 쳐서 연주하는 악기로 기타와 비슷한 외형을 하고 있습니다.

"먹고 살기가 고될 때는 산투르를 연주하며 여인숙을 돌아다니기도 합니다. 마케도니아에서 전해지는 클레프트 산적의 옛 노래도 부릅니다. 그리고 나서 모자를 벗어들고…"

두 사람은 오르탕스의 여관을 본거지로 삼아 일꾼도 뽑고, 일하는 방식도 협의하는 등 많은 일을 함께하며 광산 개발을 진행합니다. 그렇지만 일은 처음부터 삐걱거리기 시작했습니다. 주인공은 조르바의 스타일을 받아들이지 못합니다. 두목은 자신인데 행실만 보면 조르바가 두목처럼 느껴질 정도였기 때문입니다. 일은 안 하고 사업자금으로 놀러 다니면서 술이나 마시고, 약속해놓은 날짜 안에 준비해야 할 것들도 챙기지 않습니다. 그저 자유로운 하루하루를 살고 있을 뿐인 조르바의 행동은 모든 일을 계획에 따라 움직이는 주인공을 화나게 할 뿐입니다. 결국 조르바를 불러 이 문제를 이야기합니다. 이에 조르바는 주인공에게 지금껏 자기가 살아온 이야기, 자신이 어떤 생각으로 삶을 대하는지에 대해 설명합니다.

조르바는 자신이 원하는 것이 있으면 자유롭게 그것을 행하는 '자유 의지'를 바탕으로 움직이고 있었습니다. 먹고 싶으면 먹고, 쉬고 싶으면 쉬고, 하고 싶으면 합니다. 타인의 눈치를 살피지도 않고, 자신에 대한 평가에도 관심을 두지 않습니다. 《그리스인 조르바》는 분량의 대부분이 이런 조르바의 생각과 삶에 관한 이야기로 채워져 있습니다.

조르바의 말, 말, 말

"손가락 하나가 왜 없느냐고요? 질그릇을 만들자면 물레를 돌려야 하잖아요? 그런데 왼손 새끼손가락이 자꾸 거치적거리는 게 아니겠어요? 그래서 도끼로 내려쳐 잘라버렸어요."

"(결혼을) 몇 번 했느냐고요? 정당하게는 한 번… 딱 한 번 했소. 반쯤 정당하게는 두 번. 부정하게는 1,000번, 2,000번, 3,000번? 몇 번 했는지 그걸 다 어떻게 계산합니까?"

"수탉이 장부를 가지고 다니며 한답니까? (중략) 나는 치모(恥毛)를 수집했지요. 검은 털, 금빛 털, 붉은 털, 심지어는 흰 털도 더러는 있었지요. 꽤 많이 모아 그걸로 베갯속을 채웠지요."

"아흔을 넘긴 듯한 할아버지 한 분이 바삐 아몬드 나무를 심고 있더군요. 그래서 내가 물었지요. '아니, 할아버지! 아몬드 나무를 심고 계시잖아요?' 그랬더니 허리가 꼬부라진 이 할아버지가 고개를 돌리며, '오냐, 나는 죽지 않을 것처럼 산단다'라고 말하더군요. 내가 대꾸했죠. '저는 금방 죽을 것처럼 사는데요' 자, 누가 맞을까요."

조르바의 이야기를 들은 주인공은 그를 인정하게 됩니다. 삶에 관한 자신만의 확고한 신념을 기준으로 사는 조르바의 행동을 긍정적으로 받아들이기 시작했습니다. 그리고 그를 '진정 깨달은 사람'이라고 추켜세우며 원하는 대로 하라는 허락을 하기에 이릅니다. 이렇게 두 사람의 관계는 원만하게 정리되었습니다.

하지만 앞으로의 공사는 순탄치 않았습니다. 크레타섬은 아름답고 평화로워 보이는 겉모습과 달리 아름답지 않은 속사정을 많이 갖고 있었습니다. 주인공과 조르바는 공사와 관련된 협의를 하기 위해 마을 근처에 있는 수도원에 방문했다가 동성애, 권력 다툼 등으로 타락해있는 수도승들과 다툼을 벌입니다.

게다가 덩달아 발생한 수도원 화재로 인해 광산 개발 중단을 고려해야 할 상황까지 놓이기도 합니다. 또 주인공은 광산 개발을 함께하는 인부들인 마을 남성들이 젊은 과부를 살해하려는 것을 막으려다 마음에 상처를 입고, 조르바는 크게 다치기까지 합니다. 여기에 조르바와 결혼을 앞둔 여관 주인, 오르탕스마저 건강 악화로 세상을 떠나버렸습니다.

그런데도 이들은 포기하지 않고 공사를 계속 진행해 기공식을 치릅니다. 그렇지만 안타깝게도 기공식 당일 광산은 무너져버리고 말았습니다. 결국 광산 개발은 실패했습니다. 전 재산을 투자한 주인공은 빈털터리가 되었습니다. 하지만 조르바는 슬퍼하지 않습니다. 슬퍼하는 주인공과 함께 바닷가에 모닥불을 피우고 앉아 고기를 굽고 술까지 곁들이며 춤을 춥니다. 그 춤은 주인공의 감정을 외면하는 것이 아니라 조르바가 생각한 최고의 위로였습니다.

"두목! 당신에게 할 말이 아주 많소. (중략) 하고 싶은 말이 쌓이고 쌓였지만 내 혀로는 안 돼요. 춤으로 보여 드리지!"

"전능하신 하느님, 당신이 날 어쩔 수 있다는 것이오? 죽이기밖에 더 하겠소? 그래요, 죽여요. 상관하지 않을 테니까. 나는 분풀이도 실컷 했고, 하고 싶은 말도 실컷 했고, 춤도 실컷 추었으니, 더 이상 당신은 필요 없어요!"

그 순간, 주인공은 조르바의 자유가 무엇인지 경험합니다. 이후 조르바와 헤어진 주인공은 조르바의 말과 행적을 글로 쓰기 시작했습니다. 그리고 5년 후 조르바의 연대기를 완성했고, 그즈음 조르바의 부고를 듣게 됩니다. 조르바는 주인공을 참 좋아했다는 유언과 함께 분신처럼 여기던 산투르를 유품으로 남겼습니다.

조르바 → 터프가이 → 토니 스타크

《그리스인 조르바》 초판이 출간된 1940년대에는 조르바의 자유에 관한 주관과 행동이 독자에게 강한 쾌감을 선사했습니다. 하지만 100여 년이 흐른 지금은 불쾌감을 느끼는 독자가 많아졌습니다. 유명한 작품이라기에 펼쳐봤다가 중간에 덮어버리기도 합니다.

이유는 과거와 현재의 자유에 관한 관점에서 찾을 수 있습니다. 1940년대 유럽인과 현재 한국인이 누리는 자유의 크기와 범위가 다르기 때문입니다. 종교, 성별, 직업, 신분 등을 예로 들 수 있습니다. 이런 것들에 대한 억압이 강하던 시절에 독자들은 조르바로부터 대리만족을 경험했습니다. 하지만 시간이 흐르고, 시대가 바뀌고, 세대가 변하는 동안 억압의 강도는 약해졌고, 개인의 자유는 커졌습니다. 덕분에 조르바로부터 대리만족을 경험하는 독자는 줄어든 것입니다.

1990년대에는 터프가이라는 단어가 유행했습니다. 조르바와 같은 남성에게 성격이 강하고 시원시원한 데가 있다며 긍정적인 시선을 보낸 것입니다. 하지만 지금은 이들에게 허세남, 츤데레라 부르며 부정적인 시선을 보내고 있습니다.

우리는 문학을 비롯한 다양한 미디어를 통해 우리가 갖지 못한 것, 하지

못한 것, 할 수 없다고 생각하는 것들을 대신 완성한 인물을 만나 대리만
족을 경험합니다. 조르바는 1940년대 독자의 대리만족을 위한 대상이었습
니다. 하지만 지금은 도자기 만드는 데 걸리적거린다면서 손가락을 자르
고, 여성을 성욕 해소의 대상 정도로 폄훼하고, 종교에 대한 부정적인 말
과 행동을 거침없이 쏟아내는 이해할 수 없는 인간으로 받아들여집니다.
1990년대 터프가이도 지금은 멋진 남성의 모델이 아닙니다. 100년쯤 흐른
미래에는 지금 많은 사람이 열광하는 돈 많고, 똑똑하고, 매력적인 영웅인
아이언맨, 토니 스타크에 대한 평가가 달라져 있지 않을까요?

자유의 기원

《그리스인 조르바》는 작가 니코스 카잔차키스(Nikos Kazamtzakis,
1883~1957)의 자전적 이야기를 바탕으로 합니다. 작가는 자신이 실제로 만
났던 기오르고스 조르바라는 인물을 바탕으로 알렉시스 조르바를 만들었
습니다. 작품의 마지막에 주인공이 조르바 연대기를 완성했다는 것은 주
인공이 작가 자신임을 암시하는 것입니다.

니코스 카잔차키스는 1883년에 크레타섬에서 태어났습니다. 이 시기
는 오스만제국과 크레타 독립전쟁을 치르던 시기입니다. 십자군 전쟁을
비롯한 세계사의 전쟁을 살펴보면 전쟁의 중심에는 종교가 자리하고 있습
니다. 크레타 독립전쟁도 마찬가지입니다. 작가는 당시 터키인들이 기독

교인을 탄압한 것을 기억하고 있습니다. 그의 아버지 미할리스 카잔차키스는 터키인들에 의해 교수형을 당한 기독교인들의 시신을 수습하면서 아들에게 지금의 기억을 영원히 잊지 말라고 주문했습니다. 그리고 누가 이 사람들을 죽였냐는 아들의 질문에 자유라는 답을 했습니다.

이 사건은 작가 니코스 카잔차키스의 유년기 성격 형성에 지대한 영향을 미친 사건이자 자유에 대한 주관의 시작점이라 생각할 수 있습니다. 그는 전쟁, 죽음, 갈등과 같은 부정적이고 어두운 유년기의 기억을 갖고 성인이 됩니다. 그리고 아테네대학교 법학과에 진학한 직후 그리스 본토 전체를 순례하는 여행을 합니다.

그는 아크로폴리스, 파르테논신전 등 고대의 기억을 여행하며 인간이 오래전부터 신에게 구원을 얻기 위해 노력한 모습을 발견했습니다. 그리고 신전까지 만들어가며 구원을 원했음에도 인간을 구원해주지 않은 신에 대한 의문을 갖게 되었습니다. 이 의문은 아토스산 여행을 통해 새로운 생각에 도달합니다.

아토스산은 기암괴석과 절벽으로 이루어진 해발 2,033미터의 높은 산입니다. 당시에는 그 어떤 짐승도 이 산을 정복하지 못했다는 말이 있었을 정도로 험준한 곳입니다. 오래전부터 수도자들이 이곳으로 모여들어 많은 수도원이 생겨났고, 현재는 세계문화유적으로 지정된 그리스정교회의 정신적 중심지가 되었습니다.

니코스 카잔차키스는 아토스산 여행을 통해 신으로부터 구원을 얻으려는 인간이 모두 한결같지 않음을 느꼈습니다. 각자 원하는 대로 행동하고 생각하는 대로 행동하면서 그것이 구원을 원하는 행동이라 말할 뿐이라는 것입니다. 그가 만난 수도자 중에는 제정신이 아닌 수도자도 있었고, 종교인으로 보이지 않을 만큼 방탕한 수도자도 있었습니다. 그는 신에게 구원을 받겠다는 설명과 거리가 먼 행동을 하는 수많은 가짜 수도자들을 목격했습니다. 그러면서 신에게 구원받겠다는 것은 어디까지나 개인의 이기적 판단에 불과하다는 생각에 도달했습니다. 이 생각은 훗날 인간이 신에게 구원받는 것이 아니라 인간이 신을 구원해야 한다는 니코스 카잔차키스의 자유에 관한 주관으로 발전합니다.

그리스 본토 순례를 마친 니코스 카잔차키스는 대학 재학 기간 중 에세이, 소설, 희곡 등을 발표하며 문학계의 주목을 받는 인물로 성장했습니다. 대학교 졸업 후에는 프랑스로 건너가 저널리스트 활동과 철학 공부를 병행했습니다. 이 시기에 프랑스의 철학자인 앙리 베르그송(Henri Bergson, 1859~1941)의 강의는 카잔차키스의 사상 형성에 많은 영향을 미쳤습니다.

베르그송은 인간의 삶은 이미 정해져 있는 틀을 탈출하기 위해 노력하는 모습이라고 주장했습니다. 이는 인간이 모두 제각각의 모습으로 살면서도 신에게 구원받으려 한다고 말하는 이유에 의문을 가졌던 카잔차키스에게 매력적으로 느껴졌습니다.

"생의 의지, 그것을 달성하기 위해 신을 딛고 올라가는 것이 인간이다."

베르그송과 카잔차키스는 모두 신의 부재를 전제하는 니체 철학의 영향을 받았습니다. 고대부터 인간이 구원을 얻으려 의지한 존재는 신이었습니다. 하지만 이들은 신이라는 절대 존재를 부정하고 신은 인간의 목적에 따라 존재하는 것이며 신은 인간이 짚어 넘어가게 마련된 단계에 불과하다고 주장합니다.

프랑스 유학을 마치고 그리스로 돌아온 카잔차키스는 작가, 저널리스트 활동과 더불어 사업가, 정치가 활동도 펼쳤습니다. 이 시기에 제1차 세계대전으로 인해 연료 소비량이 늘어나 석탄을 대체할 연료로 갈탄이 주목받기 시작했습니다. 갈탄 광산 개발에 뛰어든 카잔차키스는 기오르고스 조르바라는 인물을 만납니다.

기오르고스 조르바는 남의 눈치를 살피기보다는 적극적으로 자신이 원하는 일을 찾아 행동하는 자유로운 인물이었습니다. 이들의 인연은 카잔차키스가 이후 정치가로 활동하며 크레타 독립운동 등에 관여할 때까지도 이어졌고, 소설 《그리스인 조르바》에 등장하는 알렉시스 조르바의 탄생에도 큰 영향을 주었습니다.

카잔차키스는 니체가 주장한 초인이라는 개념에 자신만의 생각을 덧붙여 소설 속 알렉시스 조르바를 창조했습니다. 조르바는 온전히 나다운 모습으로 사는 인간, 자기 자신을 사랑하는 인간, 마음이 이끄는 대로 행하는 인간을 상징합니다. 조르바에게 신의 존재란 무의미한 것에 불과합니다. 조르바는 오직 자신만을 믿을 뿐입니다.

"아무것도 안 믿어요. 몇 번이나 얘기해야 알아듣겠소? 나는 아무도, 아무것도 믿지 않아요. 오직 조르바만 믿지."

울타리의 기원
니체《차라투스트라는 이렇게 말했다》

베르그송과 카잔차키스에게 깊은 영감을 전한 인물은 니체입니다. 니체가 사회 안에서의 자유라는 개념을 제안한 것은 아니지만 알렉시스 조르바라는 자유에 니체라는 울타리를 쳤다고도 표현하는 것 또한 틀린 말은 아닙니다. 우선 니체의 이야기와 그의 작품《차라투스트라는 이렇게 말했다》의 줄거리를 알아보겠습니다.

독일의 철학자인 프리드리히 니체(Friedrich Nietzsche, 1884~1900)는 철학 분야의 포스트 모더니즘을 대표하는 인물입니다. 그는 현대 대륙 철학의 근간을 마련하고, 현대 인문학 전반에 가장 큰 영향을 끼쳤습니다. 기존 철학 가치를 뒤엎는 주장이 담긴 니체의 저서들은 그에게 망치를 든 철학자라는 별명이 붙을 만큼 급진적이고 공격적인 문체로 서술되어 있습니다. 하지만 실제 니체의 성격은 저서에서 느껴지는 분위기와 반대로 온화하고 사교성이 좋은 성격이었다고 알려져 있습니다.

니체는 1844년에 독일에서 태어났습니다. 루터교 목사였던 니체의 아버지는 그가 5세가 되던 해에 병으로 사망했고, 7세가 되던 해에는 남동생이 사망했습니다. 이후 어머니와 여동생과 함께 외할머니 집에 얹혀살며 경제적으로 여유롭지 못한 유년기를 보냈습니다.

니체는 어려서부터 음악에 관심이 많았고 그만큼 재능을 발휘하기도 했습니다. 하지만 14세에 기숙학교로 진학해 엄격한 인문 교육을 받아야 했고, 대학 신학 학부로 진학했습니다. 성적이 좋은 학생으로 학창 시절을 보내기는 했지만, 대학생이 된 후로는 마치 주저앉은 듯 공부에 집중하지 못했고 술과 음악에 빠져 시간을 보냈습니다. 유년기를 보내며 쌓였던 죽음, 가난, 엄격함 등에 관한 부정적 감정이 겉으로 드러난 것입니다. 하지만 우연히 읽은 《의지와 표상으로서의 세계》를 통해 쇼펜하우어의 철학을 접한 니체는 곧 다시 일어섰습니다.

쇼펜하우어는 당시까지 서양 철학계의 중심이었던 이성을 부정하고 의지를 앞세운 인물입니다. 간단히 설명하면 인간이 이렇게 하는 것이 맞다(이성)는 생각을 하면서도 정작 행동은 반대로 하는 이유가 의지 때문이라는 것입니다. 하면 안 된다는 것을 알면서도 행하는 것, 해야 한다는 것을 알면서도 행하지 않는 것은 의지가 이성보다 강하기 때문이라는 것이죠. 철학계에서는 서구의 전통적 철학 가치인 이성을 부정한 쇼펜하우어의 주장을 쉽게 받아들이지 않았습니다. 하지만 착하고 바른 학생이어야 한다, 공부를 잘해야 한다 등의 이성을 따르는 유년기와 자신의 의지에 따라 그것들로부터 도망쳐버린 니체를 설명하기에 적합한 주장이었습니다.

이성적인 것들은 실체로는 비이성과 광기로부터 기원했다.

본격적으로 학업에 집중한 니체는 특출난 재능을 발휘해 스위스 바젤대학교 최연소 교수(당시 24세)가 되었습니다. 이후 교수로 일하며 자신의 첫 번째 저서인《비극의 탄생》을 발표하고, 음악 활동까지 병행했습니다. 그러다 니체는 약 10여 년 만에 건강 악화로 교수직을 내려놓게 되었고 스위스로 건너가 집필에만 매진했습니다. 그리고 얼마 후《차라투스트라는 이렇게 말했다》가 탄생했습니다. 하지만 안타깝게도 그즈음 정신이상 증세를 보이기 시작한 니체는 12년의 투병 끝에 55세의 나이로 세상을 떠났습니다.

니체의 모든 사상이 집합된 작품이라 할 수 있는《차라투스트라는 이렇게 말했다》는 총 4부로 구성되어 있습니다. 작품의 화자는 방랑하며 노래하고 춤추는 시인 차라투스트라입니다. 고대 페르시아의 예언자로 조로아스터교의 창시자인 스피타마 차라투스트라와 이름이 같습니다. 그렇지만 동일 인물은 아닙니다.

산속에 은둔한 채 10여 년간 수행하던 차라투스트라는 자신의 지혜를 사람들에게 알려야겠다는 마음으로 산에서 내려옵니다. 그 길에 숲속의 성자와 대화를 나누게 된 그는 자신이 전하려는 새로운 인간을 위한 새로운 원칙에는 신이 존재하지 않는다는 전제가 필요함을 직감하고 신의 죽음을 언급합니다.

"신은 죽었다.[43]"

마을에 도착한 차라투스트라는 사람들을 모아놓고 인간은 초극(超克)되어야 할 존재[44]라는 주장을 펼칩니다. 하지만 사람들은 그의 말을 무시해 버립니다. 차라투스트라가 마을을 떠나는 순간까지도 그를 인정하지 않습니다. 작품 속 표현을 빌리자면 인간의 사막을 목격한 것입니다.

결국, 차라투스트라는 아무나 붙들고 말할 것이 아니라 함께 창조하는 사람들을 모아야 한다고 생각합니다. 그래서 자신을 따르는 사람들을 모아 다시 한번 초인 사상을 설명하고 산으로 돌아갑니다. 세월이 흘러 또다시 하산을 결심한 차라투스트라는 소수의 사람만을 모아 초인 사상에서 이어지는 권력에의 의지를 설명합니다.

그 후 다시 산으로 돌아간 차라투스트라는 《차라투스트라는 이렇게 말

---

[43] 신이 죽었다고 주장한 이유에 대한 설명은 니체의 다른 저서와 함께 생각해볼 필요가 있다. 신의 죽음을 주장하는 표현이 《차라투스트라는 이렇게 말했다》를 통해 최초로 등장한 것은 아니기 때문이다.

[44] 이는 이 작품의 중심 메시지 중 하나인 '초인'을 설명하는 문장으로 독일어로는 '위버멘쉬 또는 위버멘슈(Übermensch)', 영어로는 오버맨(Overman)으로 표현한다.

했다》라는 작품의 클라이맥스라고 할 수 있는 영원회귀에 관해 자기 자신과 대화를 나눕니다. 이 과정에서 자기 자신을 극복해가는 차라투스트라의 모습은 자기 초극의 과정을 보여줍니다. 이렇게 깨달음을 완성한 차라투스트라는 그 깨달음을 전하기 위해 다시 세상으로 내려옵니다.

이 작품은 줄거리만으로 내용을 파악할 수 없습니다. 비유와 상징이 가득해서 소설이라기보다는 시라고 하는 게 더 잘 어울리는 형태입니다. 또 전하려는 메시지를 해석하는 것만으로도 어려움이 큰 작품이기 때문에 해설과 함께 읽어도 이해하기 쉽지 않습니다. 이번 장을 통해 작가 니코스 카잔차키스가 알렉시스 조르바라는 인물을 만들었고, 그가 니체로부터 영감을 얻었다는 것까지 이해하면 다음의 이어지는 자세한 설명도 어렵지 않게 이해할 수 있을 것입니다.

#구원
자유의 설계도

구원은 '어려움이나 위험에 빠진 사람을 구한다'라는 의미인 동시에 '죽음과 고통과 죄악에서 건져낸다'라는 종교적 의미로도 사용됩니다. 우리는 두 가지 모두를 적용할 수 있습니다.

삶의 중심을 나에게 맞추지 못하고 세상의 기준에 휘둘리며 어려움에 부닥친 우리에게는 구원이 필요합니다. 우리를 구원할 수 있는 것은 자유입니다. 이 책에서 제안하는 '나'를 중심으로 생각하기, 이기적 평등, 수평적 인간관계, 나만의 질서, 버티기는 모두 니체 철학에서 영감을 얻은 것들입니다. 이번 장을 통해 니체 철학의 대표적인 용어를 중심으로 얕고 쉽게 접근해 자유에 관한 영감을 공유하겠습니다.

영원회귀, 아모르파티

영원회귀(永遠回歸, Ewige Wiederkunft)는 니체 사상의 근간이라고 할 수 있습니다. 삶이 영원히 반복된다는 의미입니다. 이를 우리 모습에 비유해 설명하면, 여러분이 지금 이 책을 펼쳐 읽는 이 순간이 셀 수 없이 반복되고 있다는 것입니다. 이전에도 책을 읽고 있는 이 순간을 경험했고, 앞으로도 이 순간을 경험할 것이라는 말입니다.

우리는 보통 인간이 태어나서 사망하는 순간까지를 삶으로 규정합니다. 여기에 천국, 지옥, 환생 등과 같은 추측을 더해서 좋은 일을 하면 천국에 간다, 나쁜 일을 하면 지옥에 간다는 형태로 삶의 이유를 설명합니다. 이런 모습은 세계 어디에서나 찾을 수 있습니다.

이 책의 초반에 소개된 《싯다르타》에서 주인공 싯다르타의 신분은 브라만입니다. 인도에서는 높은 신분으로 태어나는 방법으로 전생에 좋은 일을 많이 하는 것을 제안합니다. 하지만 니체는 그것을 부정하고 영원히 같은 삶이 반복된다고 주장합니다. 니체의 설명대로라면 부자는 영원히 부자로 살고, 가난한 자든 병든 자든 모두 같은 삶을 반복한다는 것입니다. 여기에는 니체의 '신은 죽었다'라는 주장이 녹아있습니다.

천국, 지옥, 환생, 윤회 등은 신이 있다는 것을 전제합니다. 삶을 마친 인간을 평가하고 심판할 절대적인 존재가 필요합니다. 그래서 니체는 영원회귀라는 메시지의 전제로 신은 죽었다는 선언을 한 것입니다. 신이 없다면 인간의 삶을 평가할 존재는 오직 자신만 남게 되고 이 조건에서 판단은 전적으로 자신의 몫이 되는 것입니다.

옳은 것도 그른 것도 없다.
이기적 평등, 나만의 질서

니체는 《차라투스트라는 이렇게 말했다》를 통해 '모든 것은 자유다. 그대가 원하기 때문에 그대는 할 수 있다'라는 말을 했습니다. 만약 여러분이 가난한 삶, 병든 삶, 외로운 삶을 살고 있다면 그리고 그것이 영원히 반복될 것임을 안다면 어떻게 하시겠습니까?

여러분이 슬퍼하며 주저앉으면 주저앉은 상태가 반복될 것이고, 자살을 택하면 영원히 자살이 반복됩니다. 그렇다면 택할 수 있는 최선은 무엇일까요? 지금 우리에게 주어진 것을 즐기는 것입니다. 어차피 반복될 것이라면 고통보다는 즐거움을 택하자는 것입니다.

영원회귀의 마침표는 아모르파티(Amor Fati)입니다. 인간이 자신의 과제와 사명을 깨닫는 것, 즉 주어진 것에 만족하며 삶을 즐기는 상태에 도달하는 것을 말합니다.

초인, 권력에의 의지

초인(超人)은 차라투스트라가 처음 마을에 도착해서 외쳤던 '인간은 초극되어야 할 존재'라는 말의 핵심입니다. 니체의 사상에서 어디쯤에 해당하는지를 따져보면 영원회귀부터 아모르파티의 중간쯤으로 생각할 수 있습니다. 초인은 자신에게 주어진 것이라면 고통마저도 자신을 성장시키는 기회로 받아들이는 강력한 긍정 사상을 가진 인간을 의미합니다.

독일어 '위버멘쉬(Übermensch)'는 '극복하다(über)'와 '사람(mensch)'이 합쳐진 단어입니다. 극복의 대상은 자신입니다. 주어진 것을 받아들이는 것이 아모르파티를 향한 출발이기 때문입니다. 가난하고 아프고 어려운 삶이지만 나에게 주어진 이 삶을 받아들이고 앞으로의 삶을 스스로 선택해 살아가는 것이죠.

물론 주어진 삶에 완벽하게 만족하는 것이 쉬운 일은 아닙니다. 니체 또한 모두 초인이 '되어야 한다'를 주장한 것이 아니라 초인을 향해 '나아가야 한다'를 주장했습니다. 쉽지 않음을 인정한 것이죠. 그 과정을 초극이라 부릅니다. 초극은 극복을 통해 완성됩니다. 니체는 인간의 극복 단계를 낙타 단계, 사자 단계, 아기 단계로 구분해 설명합니다.

낙타는 주로 사막에서 사람이나 짐 등을 싣고 다니는 역할을 합니다. 낙타는 인간에게 복종해 일하는 것만으로도 생존이 보장됩니다. 낙타는 이 상황에서 고민할 필요도 없고, 생각할 필요도 없습니다. 그저 자기 역할만

하면 됩니다. 이는 낙타 단계의 인간도 마찬가지입니다. 스스로 판단할 필요 없이 정해진 것을 따르기만 하면 됩니다.

하지만 극복은 인간을 낙타 단계에 머무르지 않고 사자 단계로 발전시킵니다. 스스로 내린 판단이 더해지는 것입니다. 사자는 낙타와 달리 자유롭게 돌아다닐 수 있습니다. 강한 힘을 가졌기 때문에 다른 동물(사람을 포함)의 일을 해줄 필요도 없습니다. 누군가(종교, 도덕 등) 구속하려 하면 사자는 자유를 빼앗기지 않으려 덤빕니다. 대신 필요한 것은 직접 구해야 합니다. 자유는 있지만 배고픔과 같은 결핍에는 아쉬움이 남아있죠(낙타에서 사자로의 변화와 모더니즘의 등장을 연결해보는 것도 재미있습니다).

사자 단계를 극복한 인간은 아기 단계에 도달합니다. 아기는 타인의 일을 해주거나 직접 필요한 것을 구하지 않아도 됩니다. 남에게 아쉬운 소리를 할 것도 없이 자신의 감정에만 충실하면 됩니다. 아기는 모든 것을 놀이로 받아들입니다. 자아를 성찰하거나 결핍에 아쉬움을 드러내지도 않습니다. 그저 즐기고, 질리면 새로운 것을 만들어 또 즐기는 인간을 아기에 비유한 것입니다.

낙타—사자—아기는 다양한 분야에 적용할 수 있습니다. 극복이라는 단어와 연결되는 것이기에 발전, 과정이라는 단어와도 쉽게 연결할 수 있기 때문입니다. 요리하는 낙타는 주어진 레시피 대로 요리를 만듭니다. 스스로 판단할 필요도 없고, 의문을 가질 필요도 없습니다. 레시피 대로 만들기만 하면 됩니다.

그러다가 사자 단계로 발전하면 직접 요리를 개발합니다. 어떤 재료를 넣을지, 어떤 방식으로 조리하면 좋은지, 재료를 어디서 어떻게 구해야 하는지, 이 요리를 만들어도 될지 등을 직접 판단하고, 직접 행동합니다. 그러다가 힘들면 주저앉기도 하고 힘을 내 다시 일어서기도 하죠. 수많은 생각으로 복잡합니다.

하지만 아기 단계에 도달한다면 한결 가벼워집니다. 요리를 즐기는 단계에 도달했기 때문입니다. 어떤 재료가 주어지든, 어떤 환경에 놓이든 그 안에서 요리라는 놀이를 즐길 뿐입니다.

책을 읽는 낙타도 마찬가지입니다. 낙타 단계의 독서가는 무작정 읽으면 됩니다. 다 읽는 것만을 목표로 읽고, 다 읽으면 다른 책을 또 읽습니다. 그것만으로도 책에서 얻을 수 있는 것은 많습니다.

그러다가 사자 단계로 발전하면 선택지가 다양해집니다. 장르, 작가, 출판사, 번역 등에 선호 사항이 생기고, 정독, 속독, 발췌독 등 여러 가지 기술을 습득합니다. 더불어 생각의 갈래도 늘어납니다. 좋다, 싫다, 맞다, 틀리다 등. 아기 단계에 도달한 독서가는 독서 자체를 즐깁니다. 두께도 장르도 아기 단계의 독서가에게는 걸림돌이 되지 않습니다.

우리의 삶은 지금 낙타와 사자 단계를 넘나들고 있습니다. 그래서 생각이 많고 눈치를 보고 요령을 피웁니다. 화를 내기도 합니다. 슬프기도 하고 기쁘기도 합니다. 니체는 '아기 단계'에 도달한 인간을 '초인'이라 설명합니다.

영원회귀부터 초인에 관한 설명까지 읽으면 이런 생각을 할 수도 있습니다. '내가 왜 이렇게까지 해야 하나.' 그 질문에 대한 답으로 준비된 것이 '권력에의 의지(독일어: der Wille zur Macht, 영어: the Will to Power)'입니다.

인간에게는 자신이 가지고 있는 것을 넘어서려는 의지가 있습니다. 니체는 그것을 권력에의 의지라고 표현했습니다. 여기서 말하는 힘이라는 단어를 동력으로 치환해 생각하면 이해에 도움이 됩니다. 인간은 낙타와 사자 사이에 걸쳐 있는 복잡한 삶 속에서 많은 생각을 합니다. 그 생각을 왜 할까요? 이 책의 초반에 등장한 '나는 왜 안 될까?'라는 생각은 왜 하게 된 것일까요? 우리가 찾은 답은 '비교'였습니다.

하지만 니체의 설명대로라면 인간은 경쟁을 통해 서로 자극받고 다듬어져 가는 존재입니다. 사람들은 하나의 사건을 놓고도 각각의 해석을 내놓습니다. 그 판단은 자의에 의한 것일 수도 있고, 사회적 관계에서 타의에 의한 것일 수도 있습니다. 그렇지만 마지막 판단을 내리는 것은 자기 자신입니다. 낙타와 사자 사이에 걸쳐 있는 인간이 내리는 판단의 방향은 늘 지금보다 나은 것, 좋은 것을 향합니다. 타인의 눈치를 보느라 계속 손해를 보던 사람이라 해도 목숨이 위협받을 정도로 중요한 상황에서의 결정이라면 타인보다 자신을 앞세웁니다.

니체는 권력에의 의지라는 표현으로 긍정적인 방향을 향하고 있는 인간의 생각을 설명한 것입니다. 어차피 영원히 반복되는 삶이라면 나쁜 것보다는 좋은 것을 골라 즐기자, 긍정적으로 살자, 이것이 니체의 주장입니다.

니체는 이 주장을 펼치기 위해 신도 부정하고, 과학도 부정하고, 사회도 부정했습니다. 인간에게는 오직 잘 살겠다는 의지만 존재한다는 주장입니다.

카잔차키스의 초인

《그리스인 조르바》에 등장하는 이해할 수 없는 인간, 알렉시스 조르바는 작가인 니코스 카잔차키스가 생각한 초인의 모습을 보여줍니다.

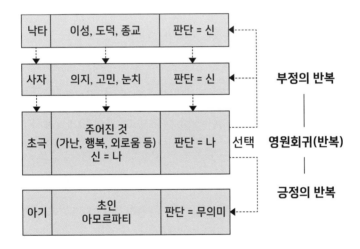

니코스 카잔차키스에게 영향을 준 인물인 니체는 '신은 죽었다'라고 말했고, 앙리 베르그송은 '신은 딛고 올라가야 할 존재'라고 말했습니다. 카잔차키스는 '인간이 신에게 구원받는 것이 아니라 인간이 신을 구원해야 한다'라고 말했습니다. 이는 신의 부재 상황에서 '판단의 주체가 된 인간 자신을 구원하라'라는 의미입니다. 하지만 이들의 주장을 같은 주장이라고 할 수는 없습니다. 결이 같을 뿐 세부적으로는 차이점이 존재하기 때문입니다.

초인에 관한 관점을 예로 들면 '니체의 초인 = 결과', '카잔차키스의 조르바 = 과정'이라는 차이점을 발견할 수 있습니다. 니체는 결과에 주목합니다. 자신에게 주어진 모든 것을 받아들이고 스스로 판단하고 행동하는 인간, 자신의 생을 완전히 초월해 어딘가에 도달한 인간을 초인이라 정의합니다. 반면 카잔차키스는 완벽하게 다른 삶을 살 수 있고 강한 긍정을 내뿜는 인간, 그것을 위해 끊임없이 투쟁하는 인간 조르바를 통해 초극의 과정에 주목합니다.

카잔차키스의 삶은 온통 투쟁으로 가득했습니다. 자유를 위해 투쟁한 것입니다. 니체의 정의대로라면 초인이 되지는 못하고 초극의 과정만 겪은 것입니다. 조르바는 카잔차키스의 분신입니다. 끊임없이 투쟁하며 초극의 과정에 놓였고, 카잔차키스는 그것을 초인이라 정의한 것입니다.

카잔차키스는 자신의 영혼에 깊은 골을 남긴 인물로 호메로스, 베르그송, 니체, 조르바를 언급했습니다. 이들을 거치며 자신만의 자유에 관한 주관을 완성할 수 있었던 것입니다. 카잔차키스는 광산 개발사업 이후로도 장관을 두 번이나 역임하는 등 왕성한 활동을 펼쳤습니다. 동시에 그리스를 중심으로 주변에 있는 많은 나라와 중국, 일본까지 여행하며 생각을 정리해 자유에 관한 자신의 주관을 완성했습니다. 하지만 종교인들은 카잔차키스의 자유에 관한 주관을 신성모독으로 규정했습니다.

카잔차키스는 유년기부터 기독교를 탄압하는 터키인들의 모습을 목격했습니다. 또 아토스산에서는 가짜 수도사들의 행태 보는 등 종교에 관한 부정적 감정을 갖게 되었습니다. 여기에 '신은 죽었다'라고 외치는 니체의 철학과 여행을 통해 접한 동양철학이 결합하자 그에게 신은 아무것도 아닌 존재가 된 것입니다.

카잔차키스는 《미할리스 대장》, 《최후의 유혹》, 《그리스인 조르바》 등 자신이 발표하는 작품에 고스란히 주관을 담아냈고 이로 인해 그리스정교회와 갈등을 겪었습니다. 그런데도 자신의 주장을 굽히지 않은 카잔차키스는 결국 그리스정교회로부터 신성모독을 이유로 파문당했습니다.

이후 74세의 나이로 독일에서 사망한 니코스 카잔차키스는 시신이 되어 고향 그리스로 돌아왔습니다. 하지만 그리스정교회가 묘지 사용을 허락하지 않아 성문 앞에 묻혔습니다. 조르바를 통해 카잔차키스는 자신이 생각하는 자유를 표현했고, 그것을 위해 죽는 순간까지 투쟁을 멈추지 않았습니다. 카잔차키스의 묘지에는 생전에 자신이 미리 써놓은 묘비명이 적혀있습니다.

나는 아무것도 바라지 않는다.
나는 아무것도 두려워하지 않는다.
나는 자유인이다.

니코스 카잔차키스의 묘비

하지만 카잔차키스의 자유를 위한 투쟁은 이 책에서 쇼펜하우어, 니체, 베르그송, 카잔차키스로 이어지는 생각의 방향을 설명하는 소재일 뿐입니다. 그의 자유를 위한 투쟁을 제안하는 것이 목적은 아닙니다. 이 책의 목적은 자신을 사랑하고 있음에도 사랑에 대한 의문만 가진 채 괴로워하는 이들에게 다양한 이야기를 통해 삶의 중심을 자신에게 맞추도록 하는 것입니다. 그리고 세상에 휘둘리지 않겠다는 확신으로 스스로에 대한 기쁜 사랑을 실천할 수 있도록 돕는 것입니다. 이제 미루어놓았던 사랑을 만날 차례입니다.

#사랑
울타리 안에서 아모르파티

사랑은 어떤 사람이나 존재, 사물이나 대상을 몹시 아끼고 귀중히 여기는 마음 또는 그런 일을 의미합니다. 그리고 남을 이해하고 돕는 마음 또는 그런 일을 뜻하기도 합니다. 우리는 지금 여러 편의 이야기로 사례를 수집해 세상이 말하는 좋은 것이 아닌 내가 진정 원하는 것을 찾자는 생각에 도착했습니다.

우리 삶의 모습은 모두 다릅니다. 원하는 것도, 이루고자 하는 것도 다릅니다. 각자의 방향과 방법으로 살아갑니다. 이것은 자신에 대한 사랑 때문입니다. 내 삶, 내 생각을 아끼고 귀중히 여기는 자신에 대한 사랑이 있기에 각자의 방식을 선택해서 무언가를 얻고, 이루려 노력합니다. 어떤 사람은 나눔을 통해 만족을 경험합니다. 나눔 또한 자신에 대한 사랑입니다. 사랑의 방향이 타인을 향한다고 생각할 수도 있지만 결국 추구하는 것은 자기만족이기 때문입니다. 모든 인간을 평등하게 바라보자는 '나를 위한 이기적 평등'의 목적과 같은 맥락입니다. 나눔은 자기만족을 얻는 동시에 타인에게도 좋음을 전하고, 사랑이 커질수록 나눔도 커집니다.

반대로 오직 자신만을 위하는 것으로 만족을 경험하는 모습도 있습니다. 봉사, 나눔, 기부 등은 이해할 수 없는 일이라며 오직 자신이 원하는 것만 얻고, 도달하려 타인을 밟거나 방해합니다. 그렇지만 이 또한 자기 사랑의 표현입니다. 방법만 다를 뿐, 사랑하는 내 몸과 마음이 행복하고 기쁘길 바라는 것은 같기 때문입니다.

이렇듯 우리는 자신을 사랑하고 있습니다. 그래서 일이 안 풀리고, 원하는 것을 얻지 못하면 분노하는 것입니다. 사랑하는 나에게 주고 싶은 것을 못 주기에 좌절하고, 슬퍼하는 것입니다. 이런 감정은 세상이 말하는 좋음을 목표로 설정했을 때 자주 드러납니다. 이 사랑은 아픈 사랑입니다.

그렇지만 이러한 사랑이 타인에게만 아파 보일 뿐, 자신은 느끼지 못하거나 오히려 만족하고 있다면 계속해도 됩니다. 어떻게 실천할지는 각자의 판단이기 때문입니다. 우리에게는 판단할 자유가 있습니다. 타인의 눈에 보이는 모습은 중요하지 않습니다. 어떤 모습이건 자신이 만족하면 기쁜 사랑입니다.

결국, 돌고 돌아 기쁜 사랑이라는 결론에 도달했습니다. 우리는 이미 자유를 누리고 있음에도 남의 말, 세상의 말, 비교에 얽매여 그것을 느끼지 못했습니다. 하지만 이제는 기쁜 사랑을 통해 그것을 느낄 수 있습니다. 몸을 지배하는 것은 생각입니다. 동심을 기반으로 완성된 결정이 몸을 지배한다면 많은 변화를 경험할 수 있습니다. 그리고 머지않아 세상까지 변화시킬 것입니다. 우리가 이제껏 짊어졌던 고통과 괴로움은 기쁜 사랑을 만날 것입니다.

형이 갈 때까지 싸우지 말고 있어!

사도 바울 《로마서》

고전은 오랫동안 많은 사람에게 널리 읽히며 세대를 뛰어넘는 공감을 얻고, 감동과 영감을 전한 작품들입니다. 여기에 빠질 수 없는 존재가 있으니, 바로 《성경》입니다.

니체 철학을 소재로 '모든 것의 중심은 나'라고 설명하다 갑자기 《성경》을 등장시킨 것이 당황스럽게 느껴질 것입니다. 《성경》은 신의 존재를 기본으로 하고, 니체 철학은 신의 부재를 기본으로 하기에 두 소재는 출발부터 완전히 다른 노선에 있습니다. 니체는 새로운 인간을 위한 새로운 원칙에는 신이 존재하지 않는다는 전제가 필요하다면서 '신은 죽었다'라고 선언했습니다. 그 조건에서 인간의 삶을 평가하고, 판단할 존재는 자신뿐이라고 주장했습니다. 반면 《성경》은 인간의 삶을 평가하고 판단할 존재는 오직 신뿐이라고 설명합니다.

여러분이 펼친 이 책은 종교서, 철학서, 역사서가 아닌 인문서입니다. 인문학(人文學)은 인류, 문화, 인물, 문물 등을 아우르는 학문으로 매우 넓은 범위에 걸쳐 있습니다. 비약한다면 자연과학을 제외한 모든 학문이라고도 설명할 수 있습니다.

이 책의 목적은 인문학의 세부 학문을 탐구하는 것이 아닌 다양한 소재를 이용해 지식을 전달하고 동기를 부여하는 것입니다. 그렇기에 신과 종교라는 민감할 수 있는 분야에도 중립적으로 접근해 이야기 소재로 활용하겠습니다. 지금까지 여러 차례 언급한 '정해진 것은 없다'라는 말의 실천이라고 생각하면 됩니다.

전혀 다른 속성의 니체 철학과 《성경》을 나란히 등장시킨 것은 '사랑'이라는 단어를 설명하기 위해서입니다. 두 이야기에서 공통으로 등장하는 단어가 사랑이기 때문입니다. 물론 깊게 파고들면 단어 자체만 같을 뿐 각각의 의미는 전혀 다르다는 것을 알게 될 것입니다. 하지만 이 책은 우선 같은 단어라는 것에 집중해 이야기를 진행하겠습니다. 각각의 의미에 관해서는 후술하겠습니다.

《성경(聖經)》 혹은 《성서(聖書)》라고 부르는 이 책은 유대교와 그리스도교의 문헌을 모은 것입니다. 현대에는 단권으로 묶인 것이 보편적인 형태로 자리 잡았지만 실제로는 각각의 문헌이 엮인 전집(全集)에 해당하기 때문에 《성경전서(聖經全書)》라고도 부릅니다.

기록 연대는 기원전 1000년경부터 기원후 200년대까지로 추정하며 전집에 포함되는 문헌의 범위는 교단에 따라 차이가 있습니다. 구분은 내용, 형태, 시기 등 세부적으로 접근해 모세오경, 역사서, 지혜문학, 예언서 등으로 나누기도 하지만, 《구약성경》과 《신약성경》으로 구분하는 것이 일반적입니다.

성경은 예수그리스도를 기준으로 그의 탄생 이전에 기록된 문헌을 《구약(舊約)》, 그의 죽음과 부활 이후에 기록된 문헌을 《신약(新約)》으로 구분합니다. 여기에 사용된 약(約)이라는 단어는 신과 인간 사이의 약속을 의미합니다. 《구약》은 신이 인간에게 구원자를 보내주겠다는 약속이고, 《신약》은 구약의 약속대로 세상에 보내져 인간을 위해 희생한 구원자가 다시 돌아오겠다는 약속에 해당합니다.

《성경》은 인류 역사상 가장 많이 팔린 책입니다. 2023년 기준 전 세계적으로 70억 부가 판매된 것으로 추정합니다. 여기에 집계 이전의 판매량과 무료 배포량까지 더하면 추정이 불가한 수준에 이릅니다. 아울러 《성경》은 인류(특히 서양)의 관습과 문화 형성에 지대한 영향을 미친 중요한 문서이기도 합니다. 성경에서 기원을 찾을 수 있는 부활절, 성탄절 등은 이미 세계인이 함께하는 기념일로 자리 잡았습니다.

또 《성경》을 기반으로 만들어진 많은 예술 작품이 세계적인 유산으로 인정받고 있습니다. 이 책에도 《데미안》, 《주홍 글자》 등 성경과 밀접한 작품이 다수 포함되어 있습니다. 오랫동안 많은 사람에게 널리 읽히고, 공감을 얻고, 감동과 영감을 전했다는 뜻을 지닌 고전(古典)이라는 단어를 성경(聖經)이라는 단어로 바꾸어놓아도 전혀 어색하지 않습니다.

우리는 '좋음'이라는 단어에서 출발해 자유를 지나 '사랑'이라는 단어를 만났습니다. 인간은 신의 사랑을 통해 구원받는다는 《성경》의 기본 서사는 사랑이 《성경》 전체를 관통한다는 설명을 가능케 합니다.

《성경》에 포함된 여러 문헌 중 《로마서》를 펼치면 사랑과 더불어 구원이라는 단어까지 만나게 됩니다. 《로마서》는 《신약》에 포함되는 문헌으로 기원후 56~57년경에 기록된 것으로 추정합니다. 《로마서》의 저자는 바울[45] (Paul, 5~67 추정)입니다. 《로마서》는 총 열여섯 개의 장으로 구성된 서간문으로, 서(書)라는 한자를 책이 아닌 서신으로 해석한다면 형태를 이해하는 데 도움이 됩니다.[46]

저자인 바울은 1세기 그리스도교 신학의 기초를 닦은 주요 신학자 중한 명입니다. 그는 중요한 신학적 지식을 이전 세대로부터 전수해 초기 그리스도교의 구성에 기여했습니다. 또 그리스 문화의 교육을 받고, 로마시민권이 있는 동시에 유대인 혈통을 타고난 이중국적자입니다.

유대인에게는 신의 구원이 주어짐과 동시에 그 구원을 세계에 널리

---

45 히브리어식 이름은 '사울'이고, 한글 표기는 네 가지가 있다.
  1. 바울: 성공회를 제외한 나머지 개신교 종파 대부분에서 사용
  2. 바오로: 한국 가톨릭교회에서 전통으로 사용하는 표기법
  3. 바울로: 정교회와 성공회 등에서만 제한적으로 사용
  4. 바우로: 한국 성공회에서 사용하는 표현
46 가톨릭 성경에서는 《로마 신자들에게 보낸 서간》으로 표기한다.

전하라는 임무가 주어졌습니다. 하지만 그들은 시간이 지날수록 점점 타락했고, 급기야 신을 떠나는 죄를 짓기에 이르렀습니다. 이에 신은 유대인들이 다시 구원받을 수 있도록 아들인 예수를 인간의 곁으로 보냈습니다. 하지만 유대인들은 예수가 전파하는 복음을 자신들이 지키고 따르는 구약의 율법[47]을 깨뜨리는 것이라 규정합니다. 그리고 예수와 예수를 믿는 자들을 탄압했습니다. 그 탄압의 선봉에 있던 인물이 《로마서》의 저자인 바울입니다.

하지만 기적을 경험한 이후에 개종한 바울은 그리스도교 최대의 전도자가 되었습니다. 그가 경험한 기적은 짧고 강렬했습니다. 바울은 예수를 믿는 사람들을 죽이기 위해 다메섹(다마스쿠스, 현재 시리아의 수도)으로 향했습니다. 그러던 중 하늘에서 환한 빛이 내려와 자신의 앞을 비추자 바닥에 엎드렸고, 빛 속에서 들려오는 예수의 음성을 듣게 되었습니다. 잠시 후 바닥에서 일어난 바울은 시력을 잃어 앞을 볼 수 없게 되었습니다. 그는 일행의 도움을 받아 겨우 목적지인 다메섹에 도착했습니다. 하지만 그는 충격에 빠져 먹지도 마시지도 않은 채 사흘을 보냅니다. 그때 한 그리스도교인이 나타나 바울을 위한 기도를 하자 금세 바울의 시력은 돌아왔습니다.

그 후 바울은 그리스도교로 개종해 예수의 복음을 전하는 사도[48]로 활동합니다. 그는 박해하는 위치에서 박해받는 위치로 이동하는 위험한

---

47 신이 모세를 통하여 이스라엘인에게 준 생활과 행위의 규범
48 지금으로 말하면 선교사

결정을 내렸음에도 강한 종교적 신념으로 두려움을 이겨냈습니다. 그리고 당시 진보했던 그리스 철학과 정통 유대교 율법에 능통했던 자신의 재능을 무기 삼아 10여 년간 3차에 걸친 전도 여행을 하며 지중해를 중심으로 많은 교회를 개척했습니다. 3차 여행이 끝나갈 무렵인 기원후 57년경 바울은 그리스 코린토스[49]에서 4차 선교 여행을 계획합니다. 여행의 새로운 목적지는 지중해 반대편에 있는 서바나(스페인)입니다.

바울의 4차 선교 여행은 목적지로 직행하지 않고 예루살렘과 로마를 경유하는 루트로 설계되었습니다. 우선 예루살렘에 들러 지금껏 자신이 개척한 여러 교회가 마련한 연보를 유대인 그리스도인들에게 전달해 로마 선교 활동을 위한 지원을 요청하기 위해서입니다. 이후 로마로 건너가 그곳에 서바나 선교 활동 전초기지를 건설하겠다는 것이 경유하는 목적입니다.

바울이 있는 곳에서 서바나까지는 거리가 멀었습니다. 그렇기 때문에 서바나와 가까운 곳에서 금전적, 물질적 지원을 받을 수 있는 새로운 근거지로 로마를 택한 것입니다. 하지만 당시 로마 교회는 혼란에 빠진 상태였습니다. 지원을 요청하기 전에 질서부터 바로잡아야 하는 상황입니다. 이에 바울은 자신의 고향이자 평소 강한 책임감을 느끼던 로마에 예수그리스도의 올바른 신앙에 대한 설명과 로마 교회인의 변화를 촉구하는 내용을 담은 편지를 썼습니다. 그리고 방문에 앞서 편지를 보내 로마 교회인에

---

49 고대 그리스에 존재했던 폴리스이자, 현재 그리스에도 존재하는 도시 이름이다. 개신교 성경에 고린도전서, 고린도후서가 존재하여 고린도로도 알려져 있다. 가톨릭 성경에서는 코린토 1서, 코린토 2서로 표기한다.

게 자신의 메시지를 전했습니다. 이 편지가 《로마서》입니다.

로마서 내용 구성

구분	내용	구절
서언	문안 인사	1장 1~17절
교리부	정죄(定罪)	1장 18절~3장 20절
	칭의(稱義)	3장 21절~5장 21절
	성화(聖化)	6~8장
	하나님의 의로우심	9~11장
실천부	성도의 의무	12장 1절~15장 13절
	맺는말	15장 14절~16장 27절

《로마서》에는 바울이 곧 로마에 방문할 것임을 알리는 내용과 로마 교회인에게 전하려는 바른 교리, 올바른 구원관, 구원받은 성도의 바른 삶이 분명하고 명쾌하게 설명되어 있습니다. 《로마서》는 바울이 한 번도 방문한 적 없는 로마 교회에 자신의 방문 계획을 알리는 것으로 시작해 로마 교회가 처해있는 분열과 갈등이라는 특수한 상황에 맞춰진 설명을 이어갑니다.

당시 로마 교회는 유대인, 그리스도인, 헬라인, 야만인 등에서 자생한 공동체가 난립해 율법주의나 전통 풍습을 따르거나, 황제를 숭배하는 등의 비정상적인 질서 안에 놓여있었습니다. 게다가 그들은 여러 분파로 갈라져 대립하는 중이었습니다.

바울은 여러 분파를 크게 약한 자와 강한 자로 구분했습니다. 그들이 분열한 원인은 방법의 차이 때문입니다. 신을 믿는다는 것은 같았지만 어떤 관습을 지킬 것인지, 자신들의 뿌리는 어디인지 등의 방법에 관해

서로의 주장이 엇갈려 충돌한 것입니다. 이 모습은 바울 시대에 존대한 신학적 쟁점의 축소판이라고도 할 수 있습니다.

바울은 하나로 통일된 그리스도교의 바른 규율과 구원관을 로마 교회인에게 전해 분열과 대립을 멈추고자 중재적 입장의 보편적 신학을 편지(로마서)에 담았습니다. 광범위한 《로마서》의 내용은 다음과 같이 요약할 수 있습니다.

1. 인간이 처한 공경의 본질에 대한 근본적인 통찰
2. 인간의 곤경에 대한 신의 응답
3. 신이 분열되어 갈등하고 있는 인간 모두를 백성으로 삼을 것이라는 놀라운 계획
4. 신이 백성에게 기대하는 것에 관한 설명

이를 더 짧게 요약하면 '신이 모두를 구원해주기로 했으니, 서로 다투는 것을 멈추고 신의 백성으로서 도리에 집중하라'라는 메시지입니다. 바울이 전한 '신이 자신들을 백성으로 삼겠다'라는 말은 모든 로마 교회인에 대한 구원을 의미하는 것으로 감사한 말이자 기쁜 소식입니다. 《성경》은 '기쁜 소식'을 복음이라는 단어로 표현합니다. 즉, 바울은 《로마서》를 통해 로마 교회인에게 복음을 전한 것입니다. 이 모든 것의 바탕에 존재하는 것은 인간에 대한 신의 사랑입니다.

"애들아! 형이 곧 갈 테니까, 이거 먹으면서 사이좋게 기다려!"

죄송하지만, 말씀 좀 빌리겠습니다

안타깝게도 바울은 4차 선교 여행의 최종 목적지인 서바나에 가지 못했습니다. 기원후 56~57년경에 《로마서》를 쓴 후, 우여곡절 끝에 예루살렘을 거쳐 로마에 도착한 시기가 기원후 61년경입니다. 그가 로마에서 선교 활동을 펼치며 현재 《신약》에 포함되는 골로새인에게 보낸 편지(골로새서), 빌레몬에게 보낸 편지(빌레몬서), 에베소인에게 보낸 편지(에베소서), 빌립보인에게 보낸 편지(빌립보서)를 남기고[50] 기원후 65년 또는 67년에 생을 마감했기 때문입니다. 《로마서》에 대한 지식은 여기까지입니다. 여기서 설명이 더해진다면 종교적인 내용으로 흐를 것이기에 바울의 이야기와 《로마서》에 대한 더 자세한 해설이 필요한 독자에게는 성경 읽기를 권하는 것으로 대신하겠습니다.

다시 '사랑'으로 돌아갑니다. 이제부터는 '사랑'을 단어 자체에만 집중하겠다고 한 이유와 후술하기로 한 니체의 철학과 《성경》에서의 사랑이 각각 어떤 의미인지 알아볼 것입니다. 하지만 그 전에 《로마서》에 대한 추가 설명이 필요합니다. 이미 니체 철학을 통해 찾아낸 사랑에 관한 설명은 했

---

50 《신약성경》에 포함된 책 중 로마서, 고린도전서, 고린도후서, 갈라디아서, 빌립보서, 데발리로가전서, 빌레몬서, 에베소서, 골로세서, 데살로니가후서, 디모데전서, 디모데후서, 디도서 총 13권의 저자가 바울이라고 기록되어 있다.

습니다. 따라서 《로마서》를 통해 찾아낸 사랑에 관한 설명까지 더해져야 두 이야기의 균형이 맞습니다.

《로마서》는 사랑을 전적으로 '인간에 대한 신의 사랑'에 한정합니다. 바울의 편지는 신을 떠나 타락한 인간이 얻을 결과에 대한 설명으로 시작됩니다. 그리고 인간이 신을 떠났음에도 그들을 포기하지 않고 다시 자신의 사랑(구원)을 전하고자 아들의 목숨까지 내어준 신이 인간을 어떻게 사랑했는지에 대한 자세한 설명으로 이어집니다.

《로마서》에 따르면 인간은 스스로가 죄인이고 스스로가 불의하기에 신의 사랑이 공급되지 않으면 진짜 사랑을 알 수조차 없는 연약한 존재입니다. 그렇기에 인간이 사랑이라는 행동을 하는 것은 그저 자기 유익과 만족과 이득이라는 목적을 가진 것일 뿐, 진짜 사랑이라 할 수 없는 것입니다. 오직 신만이 진짜 사랑을 줄 수 있습니다. 이 설명대로라면 예수의 희생도 인간을 향한 예수의 사랑 표현이 아닌 신의 사랑을 증명하는 행위로 해석됩니다. 이 내용은 로마서 5장 8절에 기록되어 있습니다.

'우리가 아직 죄인 되었을 때에
그리스도께서 우리를 위하여 죽으심으로
하나님께서 우리에 대한 자기의 사랑을 확증하셨느니라.'
- 《로마서》 5장 8절

그런데 13장에 도착하면 바울이 인간에게 사랑을 권하는 내용이 등장합니다. 그것도 무려 율법 학자였던 그가 율법의 완성까지 언급하며 사랑을 권합니다. 《로마서》 13장은 자칫 혼란스러울 수 있는 부분인 동시에 바울이 로마인에게 전하려는 성도의 바른 삶이 어떤 것인지 알 수 있게 하는 부분이기도 합니다.

'피차 사랑의 빚 외에는 아무에게든지 아무 빚도 지지 말라.
남을 사랑하는 자는 율법을 다 이루었느니라.'
– 《로마서》 13장 8절

'사랑은 이웃에게 악을 행하지 아니하나니
그러므로 사랑은 율법의 완성이니라.'
– 《로마서》 13장 10절

여기서 바울이 말한 사랑은 신이 인간에게 주는 사랑과 결이 다릅니다. 《성경》에서는 '구원'을 신의 백성이 되어 신의 사랑을 받는 것으로 정의하고 있습니다. 바울은 로마인에게 신의 사랑(구원)을 받기 위해 자신을 낮추고, 신을 섬기고, 서로 베풀 것을 주문한 것입니다.

바울의 '사랑하라'라는 표현은 '인간에게는 구원 외에 다른 목적은 존재하지 않으니 예수그리스도 안에서 모두 하나가 되어라'라는 의미로 해석할 수 있습니다. 이는 당시 특수한 상황에 놓인 로마 교회인 모두에게 분열과 대립을 멈추고 구원에 집중하라는 것으로도 바꿔말할 수 있습니다. 이렇듯 《로마서》는 사랑의 의미를 철저하게 신이 인간에게 주는 것으로만 한정합니다.

우리는 이제 니체의 철학과 연결되는 사랑과 《로마서》와 연결되는 사랑이 각각 어떤 의미인지 구분할 수 있습니다. 니체의 철학에 담긴 사랑은 '인간은 자신을 사랑할 수 있는 존재'라는 의미입니다. 그리고 《로마서》에 담긴 사랑은 신으로부터 인간에게 전해지는 어떠한 조건에도 끊어지지 않는 사랑에 한정해 '인간은 자신을 사랑할 수 없는 존재'라는 의미입니다.

그렇다면 여러분은 둘 중 어떤 것이 옳다고 생각하십니까? 두 의미가 대척점[51]에 있어서 각자의 의견에 따라 판단이 나뉠 것입니다. 이는 분열의 징조입니다. 여기에 이 책의 초반부터 꾸준히 등장한 '모든 사람은 스스로 옳다고 생각하는 일을 한다'라는 메시지가 더해지면 본격적인 분열이 시작됩니다.

다시 《로마서》로 돌아가 바울이 편지를 쓴 이유를 생각해봅시다. 당시 로마 교회인은 각자의 주장을 앞세워 대립했습니다. 바울은 그런 로마 교회인에게 신이 모두를 구원해주기로 했으니 대립을 멈추고 신의 백성으로서 도리에 집중하라는 복음을 전했습니다. 바로 이 내용이 《로마서》에서 찾아낸 사랑을 이 책에서 인용한 이유입니다.

---

51 대척점(對蹠點, antipodes)은 지구 중심으로 들어가서 반대편으로 나오는 지구 표면(지각)상의 지점을 의미하는 용어이다. 일상에서는 완전히 상극인 것, 정반대 편의 적대자를 표현할 때 사용되기도 한다.

니체의 철학은 자신을 소중히 여기고 자신을 사랑하라는 자주적 메시지로 이 책의 '나만의 질서'와 연결됩니다. 《로마서》는 각자의 주장을 내세우며 다투는 인간들에게 자신을 부정할 것을 주문하며 신 앞에서는 모두가 같다는 메시지로 이 책의 '평등'과 연결됩니다. 대척점에 있는 두 의미가 적어도 이 책에서만큼은 조화를 이루는 것입니다. 이것이 바로 '나를 위한 이기적 평등'입니다.

니체냐 바울이냐를 따지며 분열하는 것이 아니라 서로의 의견을 존중하고, 서로의 행동을 인정하는 것입니다. 바울이 로마 교회인에게 주문한 것 또한 갈등을 멈추고 하나가 되라는 것이었습니다. 모든 것은 상대적으로 연결됩니다. 인간도 모두 상대적으로 연결됩니다. 하나의 가치는 상황에 따라 좋은 것이 될 수도 있고, 나쁜 것이 될 수도 있습니다. 누구와 함께 있느냐에 따라 한 사람이 젊은이가 될 수도 있고, 늙은이 될 수도 있습니다. 부자가 될 수도 있고 가난한 사람이 될 수도 있습니다. 이런 상황에서 우리에게 필요한 것은 스스로 판단해 적절히 취하고, 적절히 버리는 것입니다.

우리는 모두 같습니다. 《성경》은 판매량 추정이 불가한 수준으로 세계적인 베스트셀러입니다. 또 《로마서》에 담긴 문장 중 일부는 이 책에서 말하는 주장을 너무나도 명확하게 표현합니다. 이 두 가지가 이 책의 마지막 작품으로 《로마서》를 인용한 이유입니다. 이는 종교적인 내용은 전혀 고려하지 않고 오직 《성경》이라는 책 자체와 문장 자체에만 집중한 판단입니다. 이 책을 처음부터 여기까지 읽은 독자라면 다음 문장들이 이 책과 어떻게 연결되는지 쉽게 알아차릴 것입니다.

'어떤 사람은 이 날을 저 날보다 낫게 여기고
어떤 사람은 모든 날을 같게 여기나니
각각 자기 마음으로 확정할지니라.'
– 《로마서》 14장 5절

'우리가 다시는 서로 비판하지 말고 도리어 부딪칠 것이나
거칠 것을 형제 앞에 두지 아니하도록 주의하라.'
– 《로마서》 14장 13절

'밤이 깊고 낮이 가까웠으니
그러므로 우리가 어둠의 일을 벗고 빛의 갑옷을 입자.'
– 《로마서》 13장 12절

'모든 것이 합력하여 선을 이루느니라.'
– 《로마서》 8장 28절

《로마서》는 지식적인 믿음으로 구원받는 것이 아니라 말합니다. 반드시 회개가 선행되어야 하고, 예수그리스도의 희생과 함께 자아를 죽이고 매 순간 성령을 따라 행하겠다는 믿음이 구원을 준다고 합니다. 더불어 기독교에서는 이 책에서 《성경》의 일부만 인용해 의미를 찾은 것과 같은 행동을 매우 위험한 행동이라 경고합니다. 자칫 필요한 것만 조합해 이단적

가르침을 만들어 낼 수 있기 때문입니다. 동의합니다. 그래서 성경에서 말하는 사랑에 관한 설명을 수록해 충분히 의미를 전달한 후에 구절을 인용하는 성의를 담았습니다.

이 책은 모두가 각자의 판단을 믿고, 자신을 사랑하며, 충돌이나 다툼없이 평화로운 행복을 누릴 것을 제안합니다. 이 책의 사랑은《로마서》를 통해 바울이 모두를 아우른 것과 같이 니체 철학과《성경》을 아우르는 사랑입니다.

나는 나입니다. 사랑은 사랑입니다.

모든 이야기를 모아

마지막 이야기는 지금껏 펼쳐놓은 이야기를 모두 모아, 독자 여러분에게 전하는 고전의 강력한 응원을 준비했습니다.

좋음, 개성, 존중, 시선, 평등, 동심, 질서, 신념, 후회, 비겁함, 자유, 구원, 사랑

우리 이야기의 시작은 '나는 왜 안 되는 걸까?'라는 질문이었습니다. 누구 못지않게 성실하고 열심히 살았음에도 삶이 만족스럽지 못할 때

가장 먼저 우리가 목표하는 좋음을 누가 정의한 것인지 생각해봐야 합니다. 좋은 학교, 좋은 직장, 좋은 가정…. 이것들이 내가 진정 원해서 만들어진 목표인지 아니면 세상이 좋다고 말하기 때문에 만들어진 목표인지를 구분해보면 앞으로의 방향이 명확해집니다.

모든 사람에게는 각자의 이야기가 있습니다. 그리고 모든 사람은 스스로 옳다고 생각하는 일을 합니다. 그렇기에 좋음을 하나로 정의할 수는 없습니다. 나에게 좋은 것이 남에게 좋지 않을 수 있고, 나에게 좋지 않은 것이 남에게 좋을 수 있습니다. 지금 우리가 좋음이라 정의하고 좇는 것은 목표가 아닌 수단일 때 긍정적인 결과로 이어집니다. 긍정적인 결과란 우리의 목표에 도달하는 것입니다. 목표는 진정 자신이 원하는 것이어야 만족으로 이어집니다.

우리는 타인과 공존하고 있습니다. 공존하지 않으면 구분도 대립도 갈등도 없습니다. 우리는 사회라는 울타리 안에 공존하고 있습니다. 사회는 내가 있고, 타인이 있는 곳입니다. 동시에 타인이 있고, 내가 있는 곳입니다. 모든 고민, 스트레스, 다툼, 경쟁은 사회라는 울타리 안에서 발생합니다. 울타리를 없애는 것은 불가능합니다. '닭이 먼저냐, 알이 먼저냐'와 같이 존재에 대한 끝없는 갈등만 일으킬 뿐입니다.

우리는 울타리 안에 살면서 행복하기를 원하고 마음이 편하기를 원합니다. 그러기 위해 경쟁합니다. 상대를 이겨야 합니다. 하지만 매번 이기지 못합니다. 내가 지면 동시에 누군가는 이깁니다.

상대방을 공격하는 이유는 한 가지뿐입니다. 상대가 약하다고 생각하기 때문입니다. 상대방이 나와 비슷한 힘을 가졌거나 나보다 강하다고 생각하면 공격할 수 없습니다. 할 수 있는 것은 상대방을 약하게 만들 방법을 찾는 것뿐입니다. 그러다가 상대방이 약해지면 공격을 합니다.

우리는 매번 강할 수 없습니다. 그래서 종종 공격의 대상이 됩니다. 방어도 쉽지 않습니다. 그것이 '나는 왜 안 될까?'라는 질문을 만들어 냅니다. 이는 모두 우리가 사회라는 울타리 안에 공존하기 때문에 발생하는 일입니다. 약한 사람을 공격하는 것도 울타리의 일부이기 때문입니다.

울타리를 없앨 수는 없습니다. 그렇다고 내가 절대적으로 강해질 수도 없습니다. 이런 상황에서 우리가 할 수 있는 최선은 상대방을 강하다고 생각하는 것입니다. 상대가 강하다면 공격하지 않습니다. 상대방을 강하다고 생각하는 것은 존중입니다.

덩치가 작은 사람에게도 재산이 적은 사람에게도 각자의 이야기가 있습니다. 행동, 생각뿐 아니라 외모, 가정환경, 성별, 종교, 장애, 나이, 출신 지역 등 모든 것에 이야기가 있습니다. 상대방을 인정하고 존중하는 마음은 평등에 해당합니다.

사회라는 울타리 안에 있는 우리의 시선은 타인을 향하고 있습니다. 타인의 행동, 타인의 모습, 타인의 생각…. 이렇듯 우리의 시선이 타인을 향하느라 눈치 보는 삶, 경쟁하는 삶 등으로 내가 고통받는 것을 보지 못합니다. 그래야 하는 이유가 진정 내가 원하는 것인지조차 불분명한데 말입니다. 시선을 나에게 고정해야 합니다. 나를 먼저 생각하고, 내가 원하는 것을 찾아야 합니다.

누구나 스스로 옳다고 생각하는 행동을 한다.
모든 사람은 각자의 이야기가 있다.
나와 타인은 모두 같다.
비난, 비판, 부러움의 전제 = 공존

사회라는 울타리 안에서 내게 주어진 것에 만족하고 그것을 즐긴다면, 울타리 밖으로 나가거나 울타리를 부수지 않아도 됩니다. 누구를 위해 그런 희생을 감수해야 한단 말입니까. 나를 바꾸면 됩니다. 내 마음이 편하고, 내가 억울하지 않다면 됩니다. 그렇게 버티면 됩니다. 버티다 보면 나로부터 시작된 변화는 울타리 전체로 확장될 것입니다. 시대가 바뀌었다, 세대가 바뀌었다는 말이 아주 오래전부터 계속되고 있는 것이 그 증거입니다.

나를 위한 이기적 평등 = 나만의 질서 = 울타리 안에서 아모르파티

오랜 시간이 지났음에도 변함없이 인간에게 감동과 통찰을 전하는 문학작품을 고전문학이라 부릅니다. 고전문학이 우리에게 전하는 키워드는

셀 수 없이 많습니다. 이 책은 다양한 키워드 중에서 '평등'이라는 키워드를 다루었습니다.

하지만 이 책에서 다룬 평등이라는 단어는 인류애, 휴머니즘, 세계평화와 같은 거창한 단어와는 다릅니다. 먹고 살기 바쁘고, 돈 버느라 정신없는 우리 삶에 당장 적용할 수 있는 평등은 나를 위한 이기적 평등입니다. 우선 당장 할 수 있는 것부터 시작해야 합니다.

평등이라는 단어에 이기적이라는 단어가 연결되었다고 해서 절대적으로 나에게만 시선을 고정하라는 것은 아닙니다. 일단 나를 위해 최선을 다하기 시작하고, 그것을 유지하세요. 그러다 보면 어느 순간 '이해할 수 없다', '다르다', '틀리다'라고 날을 세우던 타인에 대한 시선은 무뎌질 것이고, 나눔을 시작할 것입니다. 여러분이 그 단계에 도달한다면 이 책에서 더는 가져갈 것이 없습니다. 방법은 정해져 있지 않습니다.

평등은 '누군가의 업적'이 아닌 '모두의 필요'입니다. 그중 서로 다름을 인정하고 다름을 뛰어넘어 이해로 가는 이기적 평등은 여러분을 괴로움이 아닌 진정 원하는 것을 즐기는 삶으로 안내할 매우 선명한 이정표입니다. 이기적인 여러분을 응원합니다.

에필로그

'내가 가는 곳이 길이다.'

생각이 떠오르면 최대한 빠르게 실천합니다. 시간이 지나 생각의 신선함이 사라지면 그것이 나를 공격하기 때문입니다. 실천하지 않으면 변화할 수 없습니다. 물론 실천했음에도 변화하지 못하는 경우도 있습니다. 이 두 가지의 차이점은 경험과 후회입니다. 해보고 실패하면 그것은 경험으로 남아 다음 단계로 이어집니다. 하지만 실천하지 않으면 후회가 나를 공격하는 일만 남습니다.

'길이 아니면 가지 않는다.'

잘못된 것은 하지 않습니다. 동심(童心)은 항상 우리를 도울 것입니다. 내가 걸어갈 길이 내 아이와 내 가족을 데리고 자랑스럽게 걸을 수 있는 길이라면 그 길을 걷습니다.

고통에서 벗어날 영감을 전하겠다며 인간에게 다가왔던 고전의 이야기가 끝나고서야 제 이야기를 몇 자 적어봅니다. 제 이름은 김규범입니다. 저는 '내가 가는 곳이 길이다'와 '길이 아니면 가지 않는다'를 상황에 따라 섞어 사용합니다. 절대 나라는 존재를 하나로 구분하지 않습니다. 그냥 나일 뿐입니다.

어떤 사람은 이런 저를 박쥐라 부르고, 어떤 사람은 카멜레온이라 부릅니다. 이런 말이 들릴 때면 가장 먼저 박쥐와 카멜레온의 좋음과 나쁨에 대해 생각해봅니다.

'박쥐는 나쁘고 카멜레온은 좋은가? 카멜레온이 나쁠 수도 있고, 둘 다 나쁠 수도 있고….'

언제든 세상이 말하는 기준이 아닌 내 기준에서 생각해봅니다. 그렇게 생각이 정리되면 계속 걸을지 멈출지를 판단하고 그대로 실천합니다. 흰 말이나 하얀 말이나 어차피 같은 말이니까요. 그게 바로 나입니다.

나를 좋아하는 사람에게는 더 잘해주고 싶습니다. 내 도움이 필요한 사람은 돕고 싶습니다. 이렇게 하는 것은 서로에게 필요가 되고 나에게는 의미가 됩니다. 가진 것 중 자랑할 만한 것은 나누려 합니다. 아직 물질적인 것을 자랑할 수준은 아닙니다. 그런데도 가끔은 나눕니다. 내 마음이 편하려는 이기적인 생각으로 기부도 하고 봉사도 합니다.

지금은 필요가 되고 의미가 되는 곳을 찾아 지식을 나누는 데 더 집중하는 중입니다. 무대에서 관객을 만나 지식을 나누고, 강연을 통해서도 지식을 나눕니다. 유튜브 채널도 운영합니다. 고전 독서에 입문하려는 어린 이들도 지도하고, 다양한 이유로 독서에 어려움을 겪는 성인들과도 함께합니다. 만약 여러분에게 제 지식에 대한 필요가 생긴다면 부담 없이 연락을 주셔도 됩니다. 이 책의 에필로그까지 읽은 독자는 제게 충분히 의미 있습니다.

저는 지금보다 훨씬 더 유명해지고 싶습니다. 그래야만 더 많은 사람과 지식을 나눌 수 있기 때문입니다. 시간이 지나 정말로 많이 유명해졌을 때 여기에 써놓은 글을 읽으며 뿌듯함을 느끼고 싶습니다.

"일단 유명해져라. 그러면 당신이 똥을 싸더라도 사람들은 박수를 칠 것이다."

이 말은 미국 팝아트의 선구자라 불리는 인물인 앤디 워홀의 명언이라고 알려져 있습니다. 그에게는 팝의 교황, 팝의 디바라는 닉네임이 따라다닙니다. 대중미술과 순수미술의 경계를 무너뜨렸고 나아가 영화, 광고, 디자인 등 시각예술 전반에 혁명적인 변화를 주도한 인물이기 때문입니다. 그는 살아있는 동안에도 전설이었고, 세상을 떠난 지금까지도 현대미술의 대표 아이콘이라 인정받습니다.

그런데 실제로 앤디 워홀이 '일단 유명해져라. 그러면 당신이 똥을 싸더라도 사람들은 박수를 칠 것이다'라는 말을 했다는 근거는 어디에도 없습니다. 소위 가짜 명언이 돌아다니는 것이죠. 어느 순간부터 앤디 워홀이 그런 말을 했더라는 말이 떠돌더니 어느새 앤디 워홀의 명언으로 굳어져 세상을 돌아다니는 것입니다.

하지만 저는 이 문장에 크게 공감했습니다. 덕분에 유명해지겠다는 목표도 설정했고, 왜 유명해지고 싶냐는 질문을 받을 때는 이 문장을 말합니다. 앤디 워홀이 유명하지 않았다면 가짜 명언의 주인공이 될 수도 없었을 테니까요.

사회라는 울타리 안에서는 무슨 일이 어떻게 일어날지, 어떤 말이 어떻게 돌아다닐지는 알 수 없습니다. 그렇기에 '나'라는 중심을 더욱 단단하게 잡습니다. 그렇게 살다 보니 인생이 고독하다고 느껴지기도 합니다. 버티는 것은 어디까지나 내 몫이니까요.

고전문학을 읽는 것을 고전 독서(古典讀書)라고 합니다. 저는 이 말을 줄여서 '고독(古讀)'이라 부릅니다. 저는 고독(孤獨)해서 고독(古讀)하고, 고독(古讀)해서 고독(孤獨)하지 않습니다. 고전은 폭포, 강, 개울 등처럼 각자의 모양으로 달리고 있는 우리에게 힘을 전할 영감을 전합니다. 부디 이 든든함이 여러분께도 전해지길 진심을 담아 기원하겠습니다.

각자의 목표를 향해 달리고 있는 우리에게 같은 목표도 있습니다. 누구나 행복을 원한다는 것입니다. 여러분이 행복해지길 그리고 주변에 행복을 전하는 사람이 되길 응원합니다. 마지막으로 고독한 내 곁을 든든히 지켜주는 아내와 딸에게 존경과 감사를 전합니다.

2024년 봄

김규범

■ 참고 및 인용 도서 목록

1. 헤르만 헤세. 싯다르타. 박병덕(역). 민음사. 2002

2. 밀란 쿤데라. 참을 수 없는 존재의 가벼움. 이재룡(역). 민음사. 2022

3. 하퍼 리. 앵무새 죽이기. 김욱동(역). 열린책들. 2015

4. 니콜라이 고골. 코(니콜라이 고골 단편선). 김민아(역). 새움. 2021

5. 모파상. 비곗덩어리. 임미경(역). 열린책들. 2021

6. 브램 스토커. 드라큘라. 김하나(역). 허밍버드. 2021

7. 헤르만 헤세. 데미안. 이미영(역). 코너스톤. 2016

8. 생텍쥐페리. 어린 왕자. 이정서(역). 새움. 2017

9. 알베르 카뮈. 이방인. 이정서(역). 새움. 2022

10. 세르반테스. 돈키호테. 안영옥(역). 열린책들. 2014

11. 마거릿 미첼. 바람과 함께 사라지다. 안정효(역). 열린책들. 2010

12. 조지프 콘래드. 로드 짐. 최용준(역). 열린책들. 2021

13. 제임스 조이스. 율리시스. 김성숙(역). 동서문화사. 2016

14. 카렐 차페크. 평범한 인생. 송순섭(역). 열린책들. 2021

15. 너새니얼 호손. 주홍 글자. 김욱동(역). 민음사. 2007

16. 찰스 디킨스. 위대한 유산. 류경희(역). 열린책들. 2014

17. 오드카 와일드. 도리언 그레이의 초상. 베스트트랜스(역). 더클래식. 2017

18. 블라디미르 나보코프. 롤리타. 김진준(역). 문학동네. 2013

19. 니코스 카잔차키스. 그리스인 조르바. 이윤기(역). 열린책들. 2013

20. 니체. 차라투스트라는 이렇게 말했다. 장희창(역). 민음사. 2004

21. 성경전서 개역개정판